讓NMO被看見

讓那看不見的我們，能被看見。

香港首本NMO病友與照顧者的心聲集

NMO視神經脊髓炎——數天就可致失明和癱瘓的罕有病

目錄

序言

既然「中」了 NMO，我們坦然接受，努力昂首闊步去行這條只有幾百人行的路。我們不是怪，我們只是與眾不同！

呂凱琪醫生

序一——一張 NMO 病人女兒寄來的聖誕卡

很高興收到 NMOHK【香港視神經脊髓炎協會】主席 Chris Chan 的電郵，得知協會將會出版一本書，將 NMO 病人及其家屬的奮鬥故事和心路歷程輯印成一本心聲集，我非常榮幸受邀為這書寫序。

第一次認識 Chris 是源於在 2020 年聖誕，我收到她寄來我診所的一張聖誕咭，下款是「一位 NMO 病人的女兒」，咭內提及一個關於香港 NMO 病人的資訊平台（www.nmohk.com)，那時我才知道有這網站的存在。於是我電郵聯絡 Chris，得知她媽媽五年前患有 NMO，而她發現在香港關於這病的資訊非常少，所以她決意成立一個本地有關 NMO 的資訊平台，分享一些關於這病的醫學資訊，也讓病人及其家屬有互相分享的渠道。她表明她需要的不是金錢的資助，而是香港的醫護專業可提供一些 NMO 醫學意見，因一直以來，Chris 主要靠翻譯一些外國的 NMO 醫學資料為中文，再放上平台給香港病友們了解，但她相信香港 NMO 病人有其獨特性，所以希望香港的醫護人員都可以幫忙參與。

之後 Chris 邀請我拍一系列短片，為香港病友講解一些 NMO 的醫學資訊，那次拍攝是我真正第一次見到 Chris。那天她一個人帶着攝影器材來我診所進行拍攝，她那認真的態度及熱誠令我留下非常深刻的印象，之後 Chris 也會定期電郵一些網站上最新的 Video 及分享文章給我，因這次受邀寫序，我由頭再讀一次這些分享文章，原來一年多已累積了很多篇了。

一位病人 Peggy 縱然因 NMO 病半癱，但她努力在家經營網店，善用患病前編輯的才能及日文的能力，盡心盡力辦好網店，讓她不但賺取金錢，也從中認識了不少客人成為她的好朋友。

另一位女病者的丈夫蘇生辭去工作，全天候悉心照顧患 NMO 太太的日常起居生活。蘇生分享道：

原來當年在婚禮時講一聲「我願意！」，不是說了算，上天直到今天都在考驗我這一聲「我願意！」的決心。

老婆，我願意為妳赴湯蹈火，難道就不願意為妳餵食、沖涼、穿衣、換片，幫忙大小便……

老婆現在身邊最需要的，不是一個為她拋頭顱灑熱血的硬漢，而是一個貼身貼心又不怕厭惡工作的照顧者。

另一病人的妹妹 Cat 鼓勵患 NMO 的哥哥重新振作：

我知道你現在的生活確實不容易，為了自己，為了你愛的人和愛你的人，要加油，勿放棄！

病友們，多謝你們勇敢分享自己的經歷，令大家互相鼓勵互相扶持地對抗疾病，期待大家日後康復可以一齊出去飲茶！

這些生命故事，無論對病人及其家屬，還是醫護人員也帶來很大的激勵與感動。

NMO 是一種罕見病，全港不知有沒有 300 個病患，佔總人口少於 0.005%，「中」NMO 比中六合彩還要難，但因著香港本地 NMO 協會和資訊網站的誕生，這一群罕見病病友可彼此靠近，互相支持，最後希望 NMOHK 協會及網站可繼續在這地發光發熱，照耀 NMO 病人及其家屬。

最後想以病人 Peggy 在書內的一番說話作結（她藉此想多謝她的親姊姊助她創業）：

珍惜幫過你的人，亦享受比人幫的幸福，因為他們不是出於同情，更多是出自真心的同行，在這現實世界，

能夠碰上一兩個仍有真心想成就你的人，你幸福過中六合彩！感恩！

呂凱琪醫生

腦神經科專科醫生

1/2022

▲一張陌生人寄來的聖誕卡

序二——一場沒有終點的馬拉松

歐陽國樑醫生

健康這東西，在沒病患時很容易被忽略，到你發覺有問題時，才知道比任何事情更重要，重要到你會想用其他所有來交換，而很多時想換也換不來。

一年多前，Chris 為 NMOHK 網站邀請我做訪問，希望我能對 NMO Neuromyelitis Optica（視神經脊髓炎）之照顧者作一些心理上的建議，我即時反應是：我不知這是一個什麼疾病！而相信很多醫生和我一樣也不清楚這病，因為實在罕見。幸好訪問內容是關於照顧者的困難，而當時我又剛有位親人患上嚴重 Transverse myelitis 橫貫性脊髓炎，加上一直有幫助其他類似病患照顧者的經驗，那個訪問也不太困難。反而是藉此，能從 Chris 口中得知更多患者及真正近身照顧者的感受及經驗，我獲益良多，而這些新角度亦使我更能明白怎樣去幫助病人。

長期嚴重病患，就算多樂觀、高 EQ、意志堅定、有足夠支援，但跟跑馬拉松一樣，原來也未必足夠。因為這個馬拉松是沒有終點的，而這沒有完結的生活壓力很容易改變一個人，患者本人不用說，照顧者更是承受著別人看不到的壓力，這些感覺不是普通旁人，甚至醫護靠想像能明白的，亦屢見很多照顧者比患者更感困難吃力。連醫生多麼有經驗，也需要很耐心溝通了解，才能給與一些有用意見，其實有時也不懂如何解決那些生活上照顧的困難。

社會上對長期病患支援其實很不足，網上資訊看似不少，但質素參差，也不是普通人能容易分辨真偽。Chris及她的團隊作為過來人，應很清楚病友和照顧者的真正需要，喜見他們能成立 NMOHK【香港視神經脊髓炎協會】這個互助組織，一方面能提供可信任的資訊，另方面可給同路人在心理上的支持，透過協會和網上平台，病友與照顧者得以互相分享分擔，亦令大眾認識 NMO，喚醒他們對長期病患有更多關注，正好填補醫療服務不足之處。

今次他們將病友和照顧者的分享故事結集成書，我期望讀者們不只是從遠距離去了解 NMO 這疾病，而是真正體會他們的內心，透過他們不同的生命故事，去真正明白他們的困難和怎樣克服，從而使自己變得更堅強，更能克服生命難關，更珍惜健康，也懂得去關心別人。

從來我們都沒奢望疾病可以完全消失，但人可以使生活改善，心境變得美好。

歐陽國樑醫生

精神科專科醫生

1/2022

序三——一浪接一浪的「累」！

陳雅文心理學家

NMO，真是個令人聞風色變的罕有病！當我第一次了解NMO時，就有這個感覺。更糟的是，我們所有人（醫生除外），從來都未聽過這個病。

患上NMO，要面對的不僅是患病與治療的經歷、死亡的威脅、實際生活的安排、家人的負擔等。更甚的，是世界從此不再一樣，所有夢想、對將來的盼望、自己引以為傲的優點及能力，都粉碎了。自己的情緒需要、照顧者的壓力，變成無底深潭。

除了「累」，還是「累」，無休止的「累」。

累就累吧！

反正從沒有人說過人生應該會是怎樣。

討厭這個病，就盡情討厭；哀傷失去原來的夢想，就盡情哀傷。

若要真正接受患病的事實，就從容納自己及身邊人的負面情緒開始。

生活磨人是事實，假裝開心會令人與人之間的距離更遠。

感恩及苦澀可以同時存在。

無論經歷的是什麼情緒，都是對的情緒。

路太難行，我們陪你一起行。

我們不會行得好快，等埋你。

陳雅文

臨床心理學家

1/2022

序四——一個罕有病的名字 NMO

Chris Chan

罕有的名字，罕有的身份

名字，除了是用作呼喚人外，看深一層，更代表一個身份，帶著父母對子女的一個期望，亦指向一個帶有期盼的人生方向。NMO 這病名，給予病患及家屬一個獨特名字，一個罕有病病者的身份，亦展開我們獨特的人生方向。NMO 中文名字「視神經脊髓炎」好難唸，亦好難記，我初時亦花了很久才記好怎樣讀。一個頃刻間可奪去人的視力，頓然令人癱瘓的疾病是多麼恐怖！相信沒有人想跟這名字扯上關係，沒有人願意有這個 NMO 病人的身份，但人生就是充斥了眾多的不願意，患上一個香港只有約 300 人才有的罕見病，誰會敢說：I do ！我願意呢？

在 2021 年，我認識了一班香港的稀有品種，就是 NMO 病患及家屬，我們受著病痛煎熬，又承受著不知那一天再復發的驚恐。我們不想有 NMO，不想屬罕有的一群，不想失去視力或癱瘓……但人生際遇那由得我們主宰？既然 NMO 主動走入我們生命中，我們哭過痛過後，稍微回神，仍是要繼續走下去。NMO 令我們失去很多，但要走的，就又它、她、他走吧！我們各自有自己的奮鬥故事，但同屬一個主題：NMO 令我失去再多，也只是傷到我的外在肉身，不能傷及內在的真我！

行得正，企得正，何懼之有？

我們一直被人遺忘，但我們不會因此輕看自己；好多人不知我們是誰，但我們要勇敢訴說自己；我們或許因病不能再看見，但誓要被大家看見。

這書書名「讓 NMO 被看見」，與其說要喚醒大眾知道 NMO 這罕有病，實在是要讓 NMO 病患一群被看見，這不是一本介紹 NMO 的醫療書，焦點不是在疾病本身，而是患了病的我們，我們如何克服一切去好好的活下去。是的！我們正想被人看見，難道我們患上罕有病是我們的錯嗎？行得正，企得正，何懼之有？我們不介意你知道我們是誰，不需隱姓埋名過餘生。既然「中」了 NMO，我們坦然接受，努力昂首闊步去行這條只有幾百人行的路。我們不是怪，我們只是與眾不同！

人生不是完了，只是轉了

病友們，當你從醫生口中確診了 NMO 那一刻，請不要錯以為你的人生就此完了，你只是過另一種的人生，人生路從來都不只是一條，你只是改變你原本的人生方向而已。NMO 不是你人生的「掘頭路」，而是人生的「急轉彎」，轉向那裡我不知道，你才最清楚，因為你手握著自己的將來，但肯定的是：總有路前行。

在此，好感謝這本書的眾作者——眾 NMO 病友及家屬，謝謝你們很勇敢分享各自的生命故事，使更多病友及其家庭受感動、得鼓勵，亦讓社會大眾知道我們這一群。雖然我們是不情願地「中」了 NMO，但我們好樂意替同路的你和妳分嚐一點苦，期待你行出的第一步。亦好感激這年遇上的醫生和心理學家，你們的同行，已是對我們最有力的鼓勵和支持！

Chris Chan

NMOHK 香港視神經脊髓炎協會主席

www.nmohk.com

1/2022

第一章：NMO 乜東東？

NMO

Neuromyelitis Optica

視神經脊髓炎

- 一個香港只有 300 幾人患的罕有病
- 傾刻間奪去視力，導致癱瘓的 3 個英文字母

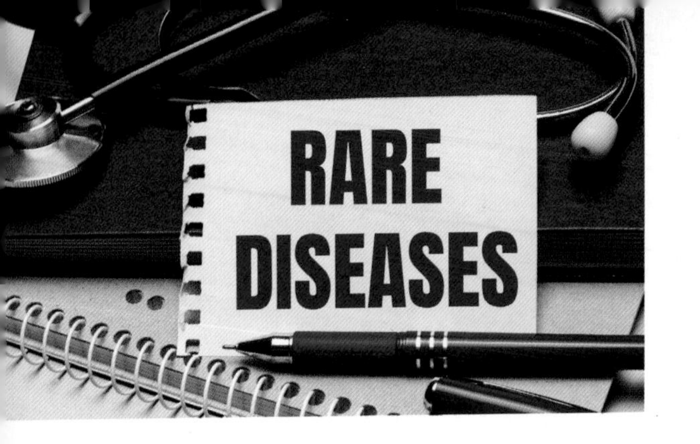

NMO 視神經脊髓炎簡介

NMO 是什麼？

NMO 英文全寫是 Neuromyelitis Optica，中文名為「視神經脊髓炎」。NMO 是一種罕見病，屬於免疫系統疾病，患者的自身免疫系統錯誤以為中樞神經系統的正常細胞為外來者，加以攻擊健康細胞，令中樞神經系統受創。因 NMO 專攻擊患者的視覺神經和腦脊髓神經，引致發炎及造成傷害，可在短時間內奪去患者視力和活動能力，故稱為「視神經脊髓炎」。

NMO 有多罕有？

直至 2020 年，估計在香港的 NMO 患者大約 300 幾個，以香港總人口 800 萬作估算，大約 25,000 個香港人才有 1 個 NMO 患者，十分罕有，亦可說是罕有中之罕有。患者以女性居多，男女患者比例約為（1：7），亦以年輕患者居多。

NMO 成因是什麼？

NMO 病因不明，主要是與患者自身免疫系統紊亂有關，亦沒有顯示與遺傳因素具很大關連。有外國資料顯示，患者直系家屬同患 NMO 的機會率只約為 3%，但患者家屬患有其他免疫系統疾病的比率則較高。NMO 不是因細菌或病毒所引致，所以不會傳染。

NMO 有什麼病徵？

每個 NMO 患者的發病表現都相當獨特，無論在發病時病徵、嚴重程度、發病速度上，可能每人都不大相同，要視乎 NMO 對那組神經，作那種程度攻擊，及攻擊之速度而定。

NMO 的攻擊通常發展急速，患者第一次病發通常是相當突如其來，措手不及，攻擊可以迅速到在幾小時內奪去患者視力或 / 和活動能力，但亦有些患者或會拖至幾天至一星期才迅速惡化，無從估計。

NMO 專攻擊患者的視覺神經和腦脊髓神經系統，可以引致視力受損、活動能力受損、大小便困難、頭暈、作嘔、不停打嗝……，病情嚴重者可導致失明、癱瘓、長期使用尿喉、大小便失禁或不能自行排便……

NMO 會復發嗎？

只有 10% 病人屬單發型 NMO，即是一生人只病發 1 次；但 90% 都是復發型，即是很大機會不斷復發，不斷做成視力和活動能力的損害和致殘。若沒有服用合適藥物，NMO 患者復發機會非常高，3 年內有 90% 會復發，即是差不多是必定復發。暫時未有藥物可完全根治 NMO，病人要長期服食免疫抑制藥物去壓抑自身免疫力，防止復發，而此等藥物亦帶來不少副作用，如免疫力低易受細菌感染……

（欲想了解更多 NMO 醫學資訊可瀏覽 www.nmohk.com）

第二章：我走上一條300人的罕有路

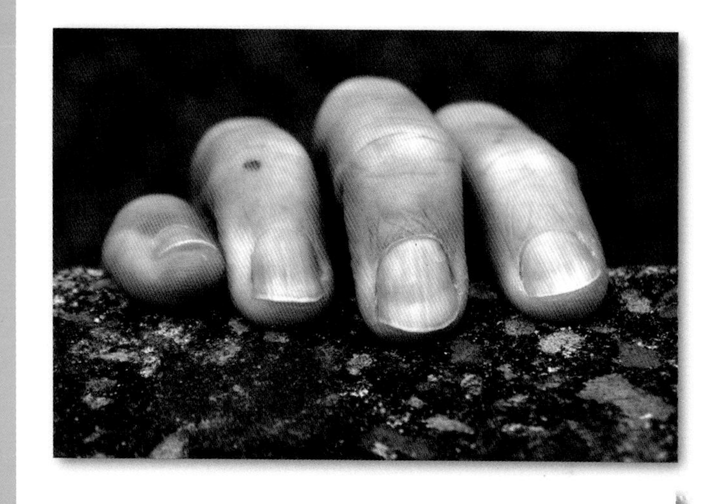

300幾個NMO病人算什麼？
比香港0.005%的人口更少
這份罕有，這份獨特，
你會與這0.005%同行嗎？

無情 NMO
移不走有情太太

Stephen

短短四天換來四肢癱瘓

2014 年，我仍是一個 30 多歲前途無限的年青人，但就無情地被確診患 NMO。男 NMO 病人好罕有，但我竟然「中咗」。初期病徵只是輕微打隔，演變成日夜不斷打隔；之後出現輕微嘔吐，演變成日夜不斷嘔吐，完全無法停下來。慢慢右眼視力更漸漸模糊，但後來又可以自行好轉。數月後照了磁力共振，才確診患上視神經脊髓炎 NMO。經過治療，幾乎完全康復，只剩左手的手指頭有麻痺，當時還可以如常返工。

但在 2016 年初，我 NMO 復發，今次病情非常嚴重。當時我首先覺得左腳麻痹，之後病情迅速惡化，在短短 4 天內，四肢分別出現麻痺，好似踩棉花般和打了石膏的感覺，同時開始感到呼吸困難和心悶等現象。約十多天後，我昏迷了，醒來後發現自己四肢癱瘓在 ICU 病房的床上，需靠呼吸機維持生命，完全不能說話。

醫生也放棄了

雖然醫生用了各種方法醫治我，但在往後的數月內，一切治療對病情完全沒有見效，以至後來每日醫生巡房時，都好少前來我床邊探我了。在 ICU 的每一天，我全癱在床，承受著如刀割、如生劏、如電擊等的各種莫名痛症折磨，而自己卻大腦清醒，每天只能眼光光望著天花板等、等、等、等！等姑娘用吊機將我從病床吊起移到坐椅上坐半個小時，等姑娘幫我用濕紙巾抹身和放大便，等家人來探我，等奇蹟的出現，等著看明天會否更好……醫生幾次跟我太太說：**「黃太，你要有心理準備，你先生可能永遠就是這樣，不會好轉了。」**

誰知！奇蹟竟然出現了，數月後的某一天，我發現左手食指可以稍微郁動，後來呼吸機檢測到我白天開始有微弱的自主呼吸，情況逐漸好轉，到後來還可以拔除呼吸機，離開 ICU，轉至普通病房，最後終於可出院回家。

我已經不是我了

復發對我造成嚴重不可逆轉的四肢傷殘和後遺症，改變了我日常生活的各方面，改變了家庭生活，改變了朋友圈……以前的自己好似已不復存在，自己仿如重新投胎做人，做一個全新的自己。現在我日常都要以輪椅代步；腰無力，不能久坐；消化系統失常，以及神經線受損帶來全天候疼痛。每晚因疼痛而失眠，不能安睡。由於容易疲倦和痛症，每日坐又不能坐久，站又不能站久，疲倦時，真的很想躺在床上休息一下，可是，那是不可能的，因為一躺下，神經線疼痛發作令我痛苦難當。

姐姐的親情

記得當拔掉呼吸機後，有一次我姐姐在電話跟我說：

「細佬，你知唔知當時你喺 ICU 問我，你有沒有機會好返？我答你：會的，會好返！其實係呃你嘅，其實神經線損傷係好難好返。喺個陣時見你插住喉管，全癱在床，見你咁痛苦，覺得你好慘，如果一世係咁，真是……」

聽到姐姐的話，我只有激動，感受到親情的安全感，感受到自己的康復帶給親人的喜悅！亦因此，我更加感恩和珍惜自己現在的康復！

3 歲女兒的驚恐

住院期間，每次 3 歲大的女兒來 ICU 探我時，我都好想女兒走到自己身邊叫一聲爸爸和摸一摸我的臉，但她每次都表現得很抗拒接觸我，好似好怕我般。這令到我傷感又不解。出院後，有次我無意間問起女兒此事。

女兒答：**「爸爸，當我去探望你時，見到你周圍有很多喉管插著你的身體，我好驚，我唔敢行埋去。」**

這短短的幾句深深地震撼了我，心情久久未能釋懷。我沒考慮到一個 3 歲小朋友看到這些儀器時的感受。

我亦好心痛未能告訴女兒：**「那時爸爸的眼睛除了可以看見天花板外，其它什麼都看不到，所以不能看到你當時看到的畫面。」**

知道女兒小小年紀就要經歷這些場面，我真的心如刀割和不忍，如果當初知道她會有這樣的感受，我一萬個不願意讓她來深切治療部探望我。

一位年輕太太義無反顧的守候

我最想多謝是我太太！多謝她在我只能依靠呼吸機維持生命，連醫生都放棄醫治我的時候，她堅決沒有選擇放棄和離棄我，相反她更是每天朝九晚九到 ICU 照顧我，而這照顧和陪伴是看不到盡頭和希望的，當年她才 25 歲！我惦記、關懷、可憐、同情那時的太太，連醫生每日巡房都不會來巡我的時候，她每天在 ICU 就算多無助和迷惘都仍堅持著。試想想，一對年輕夫婦在 ICU 只有無望的相對無言，欲哭無淚。插住呼吸機的我，內心問了她無數次：「為什麼妳還留在這裏？」但內心矛盾的我，其實卻惶恐了無數次怕被她拋棄。

我清楚記得離開 ICU 那天，當值醫生尷尬地對我說：

「你可以拔掉呼吸機是奇蹟。對不起，你不要怪我們當初放棄你。因為當時用了最好的藥醫治你，你都沒有反應，正常來說，如果藥物對你有效的話，應在用藥後 1 個月左右就有反應，但你兩三個月都沒有反應，所以不要怪我們放棄你，看來家庭對你的支持真的十分重要。」

老婆，我……

我要跟自己說：「莫忘初心。」

在往後的日子中，要常念她是當年的患難夫妻，在自己痛不欲生，萬念俱灰的時候，幸得她實實在在地陪伴在旁去支撐自己、服侍自己、安慰自己。

相信當時的她，所承受的痛苦和煎熬更是難以言喻！

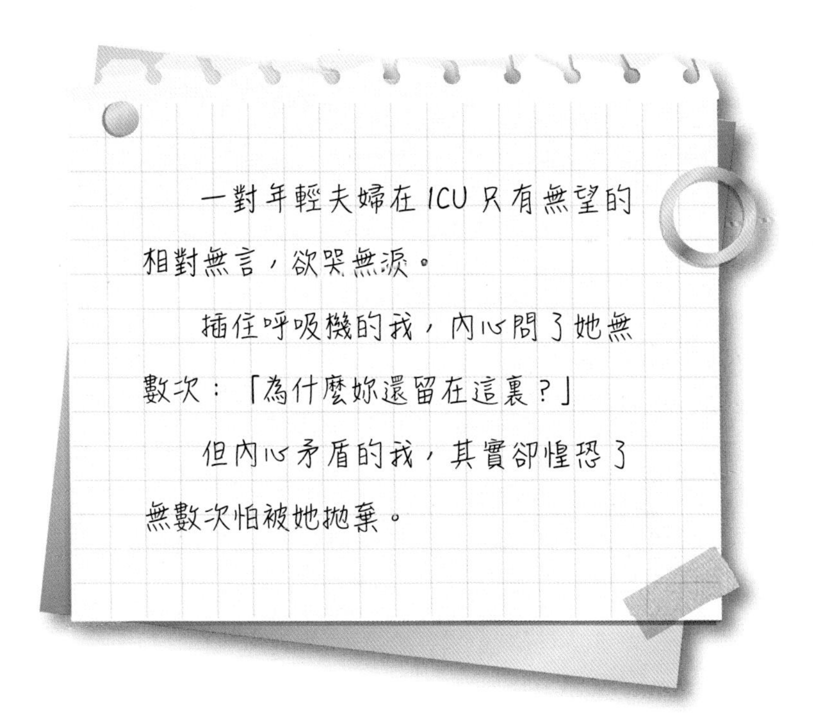

小小心跳聲是我活下去的動力

Suki

新婚、懷孕都是幸福美麗圖畫的元素，怎料在這刻我卻碰上命運的大逆轉！

NMO 在我懷孕時到訪

早於 2008 年確診 NMO 後，我都曾出現了多次復發，NMO 復發這種事早已令我麻木了，每次病發都是視神經發炎，到醫院吊數天類固醇後病情又好轉。但 2017 年的這次復發特別不同──因那時我正好懷孕！那時我剛懷孕三個月，本想告訴我先生這喜訊之際，眼前的電視畫面開始變得模糊，我當時已心知不妙，NMO 惡魔又再來臨了！它要來，我又可怎抵擋？

到醫院後，我沒有即時吊類固醇，反而是急不及待問醫生用藥對胎兒有什麼影響，事隔一天，雙眼視力劇減至只剩下兩成，最深刻印象是，我媽媽走到我面前，但我已認不出她。之後注射了類固醇幾天就出院，還以為一切可如常，視力會慢慢好轉，怎料突然胃劇痛，於是又即時入院，醫生查不出原因。過了三天，病情突然急促惡化，由半身沒有冷熱感覺再惡化至半身癱瘓，後來只剩下頭部及手指可微微擺動，我即時被轉到 ICU 病房，安排洗血及吊類固醇等治療。

為了 BB 苦撐 20 星期

就算是這般危險之時，我心裡只希望藥物對胎兒影響減至最少，洗血時希望胎兒捱得過，每星期照超聲波都期望她體重能達標，可惜醫生告訴我，她體積只有一罐汽水大，聽後心裡隱隱作痛，為何我的 BB 長得這麼小？醫生建議我提早開刀，以致我可以快快生產完就即時用治療 NMO 的藥，減低對我的傷害，但我堅決反對！ BB 還這麼小，怎可因要治療我而犧牲她在我肚裡生長的黃金時間？

洗了血兩次，過程中每隔四小時量度胎兒心跳，心跳聲是我每天活下去的動力！

所有治療都完成了但病情並沒有好轉，我只能半癱在床上，伴隨著每五分鐘就全身抽筋的痛苦。我終於明白

「為母則強」的道理，每天我摸著肚子，叫 BB 加油，告訴她媽媽不苦，就這樣我每天做同樣事、說同樣話……慢慢我在醫院捱過了 20 星期。小女孩準時 37 周開刀出世，誰又料到小女孩出生後我竟然突然康復神速，她出世一周後我就能站起來，亦能慢慢可以回復走路，這兩份上好的天賜禮物，我同一時間獲得，所以我為女兒起名為「宇晴」——即是雨過天晴的意思！

回想病中最艱難的，是每五分鐘全身一次抽筋，連睡著了都抽，好痛好痛，但每次媽媽來探病時，我都要扮從容沒有事似的，怕她擔心我。最深刻的莫過於是每次的胎動，每次聽到她的心跳，是這小小的心跳支撐我走過最艱難的日子。

感恩這世上還有愛

感恩的人多得是，我有一個好有愛的家庭和朋友：先生每天不怕辛苦來醫院陪伴及幫我按摩；家人永遠是第一個站在病房門等探訪時間到就為我即時送上午餐、晚餐及宵夜；朋友跑來醫院陪伴，細心聽取醫生建議，又為我親自安排所有嬰兒用具等等……

NMO 對我來說是什麼？我想：是恩典！是愛！

不是說 NMO 這病是恩典！是愛！而是藉著它，我感受到恩典和愛！活了 30 多年平淡而幸福的日子，往往忘記感恩。2017 年的經歷提醒我要去感恩，而每年女兒的生日正正提醒我要數算主恩的日子，世上縱有危難，但上主總陪我跨過。經歷了這麼多，特別覺得身體健康最重要，其他物質都是其次，要更珍惜與家人朋友的相聚，因這份愛不是必然，是上天賜予的。我當然都會擔心未來又病發，沒有機會陪伴女兒成長，這個恐懼沒有辦法能消除，唯有保持樂觀心態，珍惜與女兒家人相處之時，留下最美好最珍貴的回憶。

要道謝，要勉勵的何其多

我想跟家人及朋友說：「多謝你們，多謝你們的不離不棄，多謝你們每位給我的扶持與鼓勵，感恩有你們伴我同行。」想跟同路人說：「天為我們關了一道門，必定會為我們留下一扇窗，路是難行，行過後必定會天晴，必定有所得。加油，請保持樂觀的心，快樂的心是良藥。」

最後送上一節聖經經文作勉勵：

「祂未曾應許天色常藍，但恩典必夠用」

雖然在世上我們有危難，但上天會給我們足夠能力和勇氣面對。

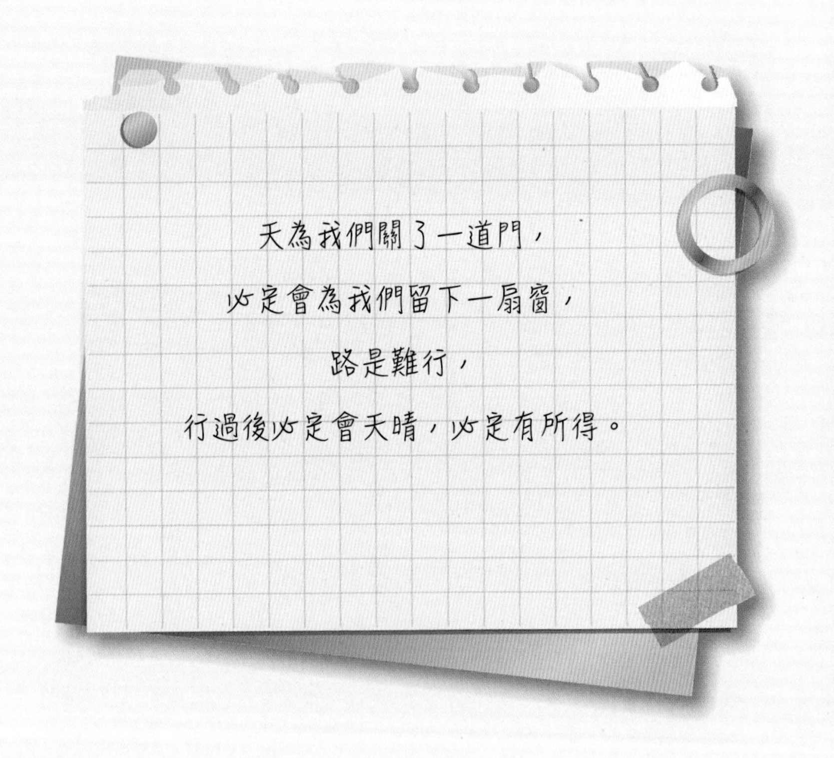

NMO不能奪走我自由

玉珠

我是一位 NMO 病患者，但屬於少數沒有 NMO 獨特抗體的一群，自 2014 年病發後我再看不見彩色的世界，但可幸我自此並未有再復發。常人打一篇這樣的文章可能輕而易舉，但看不見文字的我，唯有靠失明人士的電腦軟件和憑記憶力記住輸入代碼才能完成，每字每句對我來說都深刻珍貴。不過我仍堅持自己完成，不假手於人，因我深信，給些時間，多點忍耐，只要不輕言放棄，世上並未有難成的事！年屆 65 的我都可做到的，何況是比我年青的病患，你們的將來仍是充滿希望的！

一覺醒來色彩消失眼前

2014 年 6 月中的一個早上，一覺醒來雙眼看不見彩色的東西，只有黑白影子，心知不妙，心想遲些再算，怎知並無改善。我開始有點驚慌，立即致電給女兒與我一同看醫生。我們到聯合醫院急症室，經過主診醫生和眼科醫生的診斷，建議我盡快去私家醫院照眼部和腦部磁力共振，隔天返回眼科街症覆診。一天後，我雙眼視力仍沒有改善，雙腳更開始發軟無力。星期一早上我雙腳已經無力，步行都有困難，需要拐杖支撐，幾經艱辛才坐上的士到聯合醫院，報告結果出來後，經過骨科醫生診斷後指與骨科無關，於是轉到內科病房，做完所有基本檢查，醫生終於告訴我，我得到一罕見病：NMO 視覺神經脊髓炎，需要即時注射高劑量類固醇治療。

根據醫學文憲，視神經脊髓炎是一種罕見的疾病，多發生在 25 至 45 歲女士，而我當時已是 59 歲！比較罕見。類固醇治療後，我被安排洗血，醫生替我在右邊頸部打吊針；連續八次洗血對我都未有作用，雙腳都沒有改善。醫生指需要吊打生物製劑，每劑需要一萬八千元；到了第二劑後，腳趾有些微反應，開始有點感覺，當時很開心，重燃希望，連續四次才完成整個療程。療程共十個多星期，完成後繼續住院做復康運動。我每天都勤力做物理治療和職業治療，腳掌仍然下垂，所以需要佩戴腳套，幸好還有一雙手可以做運動。

我心罕有平靜，家人朋友不離不棄

回想當天醫生診斷我患 NMO 時，我當時心情仍平靜，好快可接受現實。當時雙眼看不見東西，雙腳無力，大小便失禁……彷彿自己只剩下雙手和一張嘴，腦海裡想及未來幾十年怎樣過？經過三個多月醫院治療，十分多謝我的家人、同事、同學們多次抽空來探望，陪我傾談說笑。特別是我丈夫阿深每天放工後都來醫院幫我清潔和按摩，辛苦了他。大家給我的安慰及鼓勵，我都非常感動，幾經波折和奮鬥，多得家人和朋友的扶持，我才可以重新振作做人。我那時最擔心的是將近百歲的母親，她知道我生病後，幸好表現平靜，住院期間就用視像電話和她傾談。

回家後我繼續到醫院做物理治療，第二次覆診時醫生指無需繼續食藥，只需每年注射一個生物製劑療程來控制病情，以防復發。當我知道只有預防作用，我一口拒絕。丈夫指西醫不能根治，就嘗試中醫。我本來不信任中醫，眼見西醫並無進一步跟進，就聽從丈夫的話，找中醫診症並跟從指示服藥和進行針灸，還有梅花針放血等。

失明不能難阻我走進這世界

身體情況略有改善，我便加入了盲人中心，從此參與協會各項活動：新學員分享會、單對單訓練、認識視障人士用品、視障人士身體保護法、定向行走、如何使用手杖、家居訓練、烹飪、電腦和電話的簡單操作、點字摸讀和電腦點寫易輸入法等。我非常多謝導師們的指點，我會不斷練習，用於日常生活。

直至現在我仍有看中醫，刺激神經線細胞，不斷有改善。雖然我眼仍是看不見彩色世界，但已可以看到大型黑白影子，亦可隱約看到樓梯級邊，就算沒握手杖我仍膽敢前行；雙腳雖然間中仍有麻痺，但已可如常走路。我堅信將來會更好！

我認為性格主宰未來，我們的未來都是握在自己手中。香港有很多失明人士以種種理由減少社交活動，有些會員不願持手杖出街，實在錯過好多開放自己的機會，其實中心招募很多義工帶領我們出席活動：中國短線旅行團和行山隊等節目。只要我們多踏出一步，這世界有好多人好樂意陪我們同行。我希望大家可好好多做運動，強健身體，把快樂掩蓋憂傷，開開心心渡過每一天，大家一同努力加油！

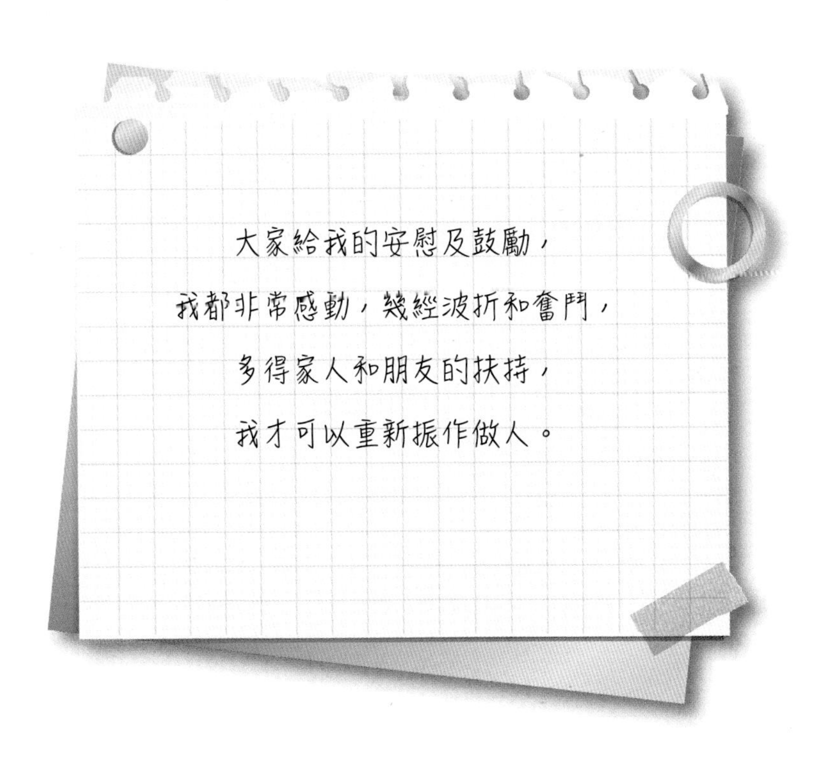
大家給我的安慰及鼓勵，
我都非常感動，幾經波折和奮鬥，
多得家人和朋友的扶持，
我才可以重新振作做人。

幸運是我

Ruby

大家好！我是 Ruby。從小到大，我都覺得自己是一個幸運的人，因為我可以完成自己的志願，成為一位老師。結婚後又生了一子一女，湊夠一個「好」字。這樣看來，我的人生似乎真的很圓滿、很順利。

正當我沉浸在幸福的同時，誰會想到疾病已一步一步靠近我。

剛剛生完女兒，我就 NMO 病發

2020 年 9 月，正值是我的小女兒兩個多月大，不知什麼原因，我的小腿開始有麻痺的感覺，原以為是因為半夜要起床餵奶，休息不足，只要休息夠了便會好的。誰知道，情況並沒有好轉，甚至加劇了，那些麻痺一直沿著我的小腿走上至大腿、臀部、腰部，就連洗澡的時候，當水濺到身上時，我會感到刺痛、灼熱，總之就是渾身不適。

我曾經到過私家醫院的門診部看醫生，但醫生都未能找出病因。

2020 年 9 月 18 日早上，當我一覺醒來，我便發現自己的下半身已經沒有感覺，不能行動。然後就是兩個多月的 NMO「住院之旅」。坦白說，我是一個膽小又怕痛的人。除了因為要生孩子而住醫院，我從沒想過自己要「住醫院」兩個月這麼長，而且還要接受不同的檢查和治療。最記得每次做檢查和治療，我一定第一時間問醫生或護士如何做？痛不痛？甚至要求要握著護士的手來舒緩緊張的心情，因為我真的很怕痛、很膽小。現在回想那段日子，我真的很佩服自己能捱過抽脊髓、放導管、「洗血」以及一次又一次突如其來、如觸電般的神經痺痛。

半夜垂淚，為何偏偏是我？

那段日子對我的打擊都頗大，因為從前的我身體健康，沒想過自己會患罕有病。住院那段時間真的是「對人歡笑背人愁」，尤其在夜闌人靜、想起家人的時候，眼淚真的不自覺地流下來，我真的有埋怨過為何上天要這樣戲弄我、折磨我？為何我甚麼也做不到，只能躺在床上？難道我這一輩子就是這樣？這段時間負面情緒真的找上我了。

但幸運地，在這段艱難的日子，我有一班愛我的好朋友，縱使疫情期間他們未能探望我，但他們時常陪我傾電話、與我 WhatsApp，甚至送美食到醫院，讓我知道仍然有人緊張我的情況；我有愛我的家人，他們協助照顧我的兩位小寶貝，常常與我視像通話，讓我可以安心治療；我有一群愛錫我的老師同事 (包括老公的同事)，他們會為我誦經、抄經、祈禱，希望我能早日康復。

聯合醫院好美麗的醫護天使

我亦慶幸在聯合醫院住院期間能遇上好的醫生團隊。在內科病房時，我的主診醫生林佑安醫生在短時間內已經診斷出我的病，並立即對症下藥；她又不時鼓勵我要努力練習，喚醒神經，我才可以逐漸康復。聯合醫院的腦神經科醫生團隊又定時檢視我的情況，為我安排不同的檢查。當我轉到復康病房，我慶幸得到馬仲儀醫生、張家彥醫生的照顧，檢視我的康復進度，甚至為我制定出院後的復康計劃。我亦遇上很好的物理治療師團隊（例如吳姑娘、駱姑娘、謝姑娘、郭姑娘、姜 Sir、王 Sir，還有其他的 Artisan：Gary、B Wong、阿璇、Jade、超哥、雪莉、阿華等等），他們每次都悉心為我準備不同的復康運動，加快我的康復進度，足令我每日都期待做物理治療。

幸運是我，有這麼好的老公！

當然我覺得自己最最幸運，是遇上我的好老公。其實由發病至康復整個過程，我知道最辛苦的是他。他既要每日到醫院照顧我，又要上班，更要照顧家中的兩個小寶貝，但每次當我看見他，他總是帶著笑容，常常說不辛苦。同時，我很佩服他那樂觀、積極的性格，縱然他知道我的病是罕有病，但他會積極上網搜集有關這個病的資料，積極尋找不同的方法舒緩我的不適。他亦是我的「魔鬼教練」，每天他都提醒我、鞭策我要努力做運動，希望我可以早日行動自如。他那積極樂觀的態度令我明白到患病其實並不可怕，最重要是如何面對、如何解決當前的困難。

先努力，才看見希望

最後，很想藉著當時我的主診醫生林佑安醫生對我說的一番鼓勵說話來勉勵同路人：**「人不是因為看見希望而努力，而是努力才能看見希望」**，我明白這個病真的很難可以根治，但我相信只要我們每一天努力地過、努力地面對這個病、努力地治療，我們一定可以看到希望、看到曙光。正如當日林醫生想鼓勵我每天要努力地、持續地練習、運動，喚醒神經，後來我的神經真的慢慢恢復知覺，我亦慢慢地可以走路，甚至現在可以慢慢恢復正常生活。

直到這一刻，雖然我得了 NMO，但我仍然覺得自己很幸運，除了讓我知道我的家人、朋友對我的扶持、關懷之外，我還慶幸自己遇上同路的你，使我的心靈得到支援，是你們讓我對這個病有更多的認識，是你們讓我更有信心去面對這個病。謝謝你們！共勉之。加油！

我憑什麼去放棄自己？

Riley

一切從胃痛開始

我是在 2020 年 8 月第一次病發，本來只是有少許胃痛，之後就凡飲水食東西都會全嘔出來，不停打嗝。入了好幾次醫院，做了好多檢查都找不到原因，9 月尾就似乎自己好起來。但殊不知 2020 年 10 月中又第二次病發，那次我突然頸痛，整隻左手麻痹，全身都好癢。看完腦神經科醫生，做了 MRI 跟抽血檢查，最終在 11 月確診患 NMO，還是患復發型的那種。我第一次病發 NMO 是攻擊我腦幹，第二次病發就攻擊我脊髓。其實聽到確診那一刻自己都沒有什麼特別反應，應說是反應不來。回家後先如夢初醒般，驚覺原來自己患了一個罕有而且不能根治的病，還要承受著未來病發可能身體致殘的風險，想到此……我才懂得驚了。

我們是否要分手？

驚完之後我就問男朋友：**「為何我會有這個病？我往後的人生怎算？我的人生是否已完？我問他我們是否要分手？」**他說這是我們要面對的人生課題，我的課題是要學習跟 NMO 這個病共存，而他的課題就是學習怎去照顧我這個病人。當時方寸大亂的我都不知怎樣面對家人，於是我男朋友幫我跟他們解釋，而我只是懂得哭。起初我的家人仍以為這個病只是小事一件，但經過詳細解釋之後，他們開始意識到 NMO 的可怕之處，我媽咪還第一時間叫我男朋友考慮清楚應否繼續與我一起？跟他說他還年輕，要知道照顧一個病人不是簡單的事，而男朋友的答案始終如一，從沒變改！

雖然起初我意識到自己患上 NMO 這命運時，確是意志消沉，覺得自己的人生已經失去一切希望，但家人和男朋友的愛令我好感動，既然他們都沒有放棄我，我又憑什麼去放棄自己呢？好快我就做回以前那個樂觀的我。

陽光味的醫生驅走可怕

我要多謝察覺和懷疑我患 NMO 的醫生，如果不是他細心，我應該沒有這麼快確診，確診之後他亦好快轉介我去看 NMO 的專家，即是我現在的主診醫生，令我得到適當的治療。另外更要多謝他（現在的主診）的陽光氣息，他跟我說：喜樂的心乃是良藥！每次見到他，他都會關心一下我近況和鼓勵我，他就好像太陽般溫暖，令我覺得 NMO 沒有我想像中的可怕。

一開始 NMO 對我來說，就好像一個惡夢，我以為睡醒個夢就會完，但原來現實是不可以逃避的，就唯有當它是人生的一個課題，我要學習怎樣去面對和適應，跟它共存，但又不會讓它影響自己的生活。其實我比其他人早確診，已經是不幸中之大幸，所以我想爭取時間，做多些自己未做過的事，發掘自己更多的可能性。當然我最擔心的是不知何時會再病發，所以趁現在還年青作更多不同的嘗試，令自己人生更加精彩，既然避免不來的就要學懂去接受，正面地去面對，總好過驚恐地過活。

我想跟大家說：

對著家人，我想說：「不要太擔心我，我大個女了！我會學懂怎樣面對困難，不會再鑽牛角尖，肉麻的說話就不再此說了，盡在心中！」

對自己，我想說：「我希望身邊所有人身體健康，我的病情繼續穩定，自己可以保持樂觀的心面對生活的困難。」

對同路人，我想說：「好開心遇到大家，雖然 NMO 罕有，但身邊都仍有同路人，能陪我一齊面對一齊努力。希望大家都樂觀面對，各人病情穩定，幸福愉快地生活。」

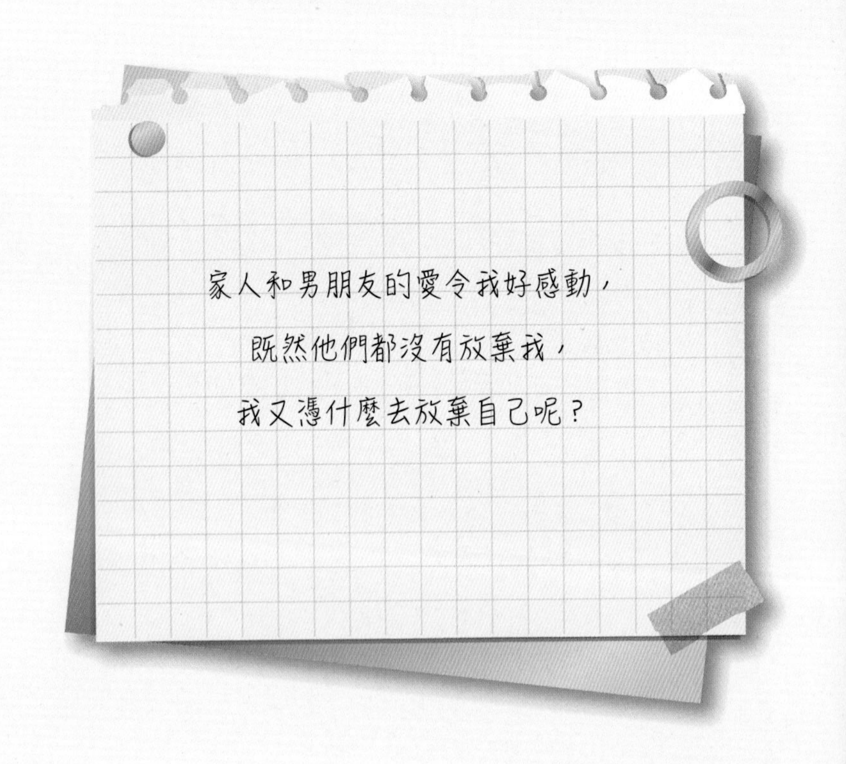

要走，就由她走吧！”

阿仁

大家好，我是阿仁，今年 45 歲，患病前是一個自僱貨 Van 司機，平時除了開工，就沒有什麼特別嗜好，放假陪下阿仔和老婆周圍逛。

永遠記得 2021 年

但在 2021 年，真是好不容易的一年！

回想 2020 年 12 月我第一次有輕微症狀，不久在 2021 年 3 月復發，為何這麼快就復發？因為我太過輕視它。如果第一次發病時我願意留院久一些，讓腦科醫生多做些檢查，不急於出院，可能一切都會改寫，3 月時就未必會復發？誰又會知道！

最初確診患上 NMO 後，我覺得我的人生已經完了，暈到不能行、吞不下、拉不出⋯⋯只可以臥在病床上；無助、恐懼、擔憂等負面情緒，無時無刻湧上心頭，不知道以後的路可以怎樣行！在這個時候，我妹妹在 Facebook 找到 NMOHK 這個群組，建議我不如跟負責人阿 Chris 在 WhatsApp 中傾談吓啦！跟同路人分享下，總好過自己一個人。就是這樣，我就認識了一班同路人，得到他們的鼓勵，我的心態樂觀積極了不少，希望自己可以慢慢復原，慢慢可以過回之前的生活。

為何在我最需要時離開我？

但是人生際遇，那有這麼容易給你猜到？

6 月出院，我太太 7 月要求跟我離婚。為什麼？為什麼要這般對待我？為何要選擇在我最需要人陪伴的時候離開我？幾千個問號在我頭頂猛然不停轉，轉個不停。在這個時候，有一智慧老人跟我說：

「唔好理所當然咁以為人哋一定會／要照顧你，兩母子有血緣關係都可以唔理，何況只係兩夫妻！你都應該慶幸佢做得咁快咁絕，可以令你對呢段婚姻死心！」

幸好世上還有媽媽好！

這智慧老人，就是我媽媽。我聽完之後，明白到就算她要跟我離婚，都不需要驚，不需要愧疚，因為我對她問心無愧。要走，就由她走吧；現在的我，只想身體保持健康，可以繼續進步，慢慢的開展新生活。所以好感恩，我還有家人，我媽媽、妹妹在這一年不斷的鼓勵我，跟我傾談，讓我知道這個世上還是有人愛我，關心我。

NMO 這個病，令我失去了某些實質的東西：健康、事業、婚姻……；但得到的，卻是心靈上的成長。就算日後遇到什麼挫折，都不要再去計較，不要再去抱怨，因為人生，總有高低起跌，所以努力、勇敢的生存，才是王道。

各位兄弟姊妹，加油吧！

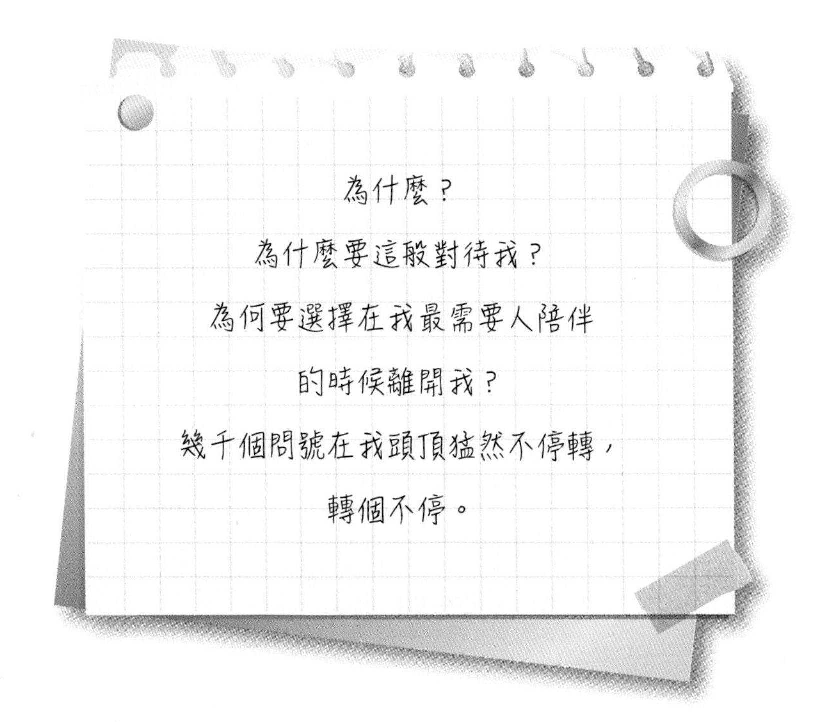

上天為我開了一扇窗

李太

右眼視力急速惡化

2019 年 8 月中的一個早上，太陽如常升起，但是我的右眼再看不見太陽升起了。

初時只是右眼右下方出現一條黑色的條狀物，看過急症室醫生，再看過眼科和腦科醫生，均說沒有發現異常，只建議入院進一步檢查，無奈公立醫院內科病房一床難求。而當時視力也惡化得極快，好快右眼完全失去視力，唯有轉往私家醫院求診，照過磁力共振後證實視神經發炎，處方三天高劑量類固醇，第四天轉往公立醫院眼科，經過一系列檢查，最後確診患上 NMO。由於當時對這個病缺乏認識了解，正所謂「無知無畏」，所以當時心裡並不懂得害怕，醫生也只是說是一種罕見病，後來上網查看才知道原來這麼「大獲」，心如墜入冰窖，那時一心祈求天父，讓我回天家吧。

為我開了一扇窗

當然天父並沒有答應，反而派了兩位天使幫我，一位就是我的好朋友林姑娘。她經常來看我，和我聊天，為我祈禱，為我解開心中疑惑，每次和她聊天後，心情都會輕鬆不少。另一位就是我住院時的同房病友 - 玉兒，一位智力有些障礙和中了風的病人，她雖然因為中風而行動不便，但是她仍很努力的練習走路，還不時鼓勵同房的病友說：**「開心要過一天，不開心也要過一天，為什麼要不開心過呢？」**每天早上她看見升起來的太陽，就對我們說：**「你看太陽出來了，天氣多好。你一定要開開心心地過好每一天！」**

我當時就想：像她這樣的人都在努力，難道我這個有正常智力的人還不如她嗎？於是我的心情開始慢慢好起來，不再哭了，祈禱的內容也開始轉變了，希望天父讓我遇到好的醫生，可以遇到好的治療方法，讓我遇到好的藥物，正確地治療我的病，讓我快點恢復正常的生活。我堅信這就是天父為我開的那一扇窗戶。

第二個轉折點就是我發現了 NMOHK 這個網頁，遇到了一群跟我患有同樣病的香港病友，也很感謝 Chris 成立這個本地 NMO 協會，使我知道更多關於 NMO 的資訊，亦明白患上 NMO 不等於失去一切。有些病友的經歷，更是讓我感到鼓舞，他們當中有人患病十多年仍然可以很好的生活，也有一些患病多年仍然沒有復發過，這些都給了我很大的勇氣面對 NMO，我覺得 Chris 和 NMOHK 協會是天父派來的天使。

最後，我希望醫治 NMO 的方法越來越多，越來越成熟，越來越有效。

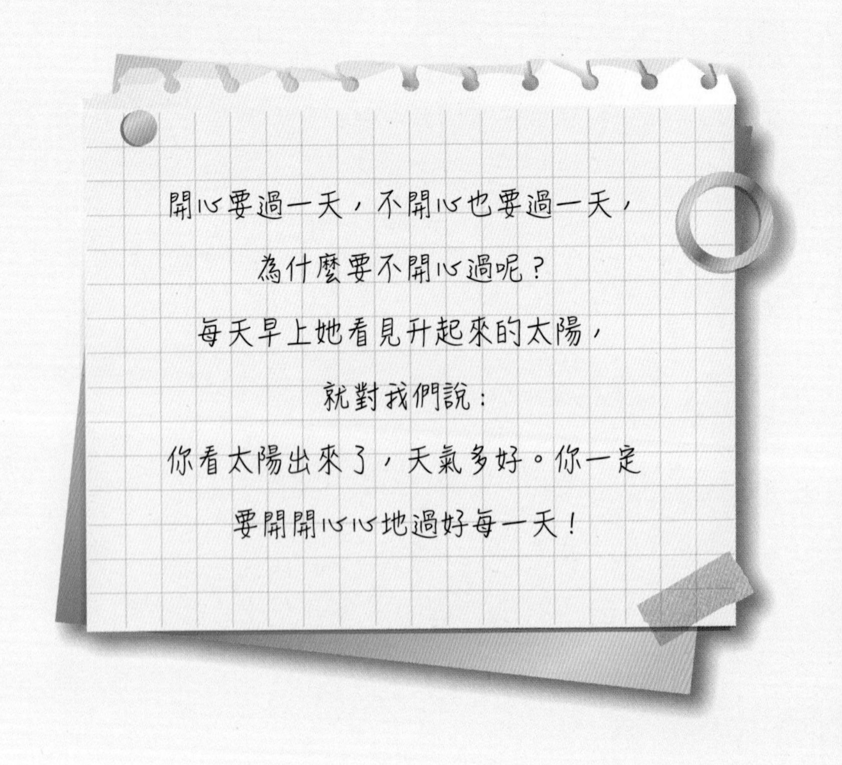

NMO 母親的抉擇

Ceci

生 BB 可能是一些女士的願望，NMO 的女士又怎去做此艱難的抉擇？今天跟我們分享的 NMO 病友，就是剛在 2020 年年尾生了 BB 的 Ceci。

請你介紹一下自己，和當年病發經過

Hello 大家好！我是 Ceci，2017 年 9 月，我如常哄我 7 個月大的囝囝睡覺，他一下無情力不小心的打落我的左眼，那一下子我真是覺得好痛，由起身那刻視力已經比平時看得沒有咁清楚，不過都無為意，以為好快會沒事。到第二日返工，隻左眼還是好痛和看得不清楚，所以就去私家醫院睇醫生，醫生只說我隻眼有點乾，開了些眼藥水給我。如是者看了幾個眼科醫生都不知我是什麼事，到最後是在政府的眼科醫院確診，當時左眼視力只是剩下兩成，要即刻入院打類固醇和洗血，就這樣的我展開了與

NMO 共存的人生。

現在 NMO 最影響你生活那方面？

左眼視力較差，部分視神經已經萎縮。加上長期神經痛，要食藥去止痛先可入睡。

當初 NMO 最嚴重時你有什麼感受？到現在又覺得心情有轉變嗎？

病情最嚴重的時候，我真是好想結束自己生命，因為那種被火燒的感覺，這種灼熱感走遍全身，再加上全身抽筋，是沒有一隻藥物幫到我，痛苦難熬。

現在最想是珍惜跟家人相處的時間，亦想趁自己行得走得，可以陪小朋友去多些不同的地方。

我知你剛剛生了 BB，請分享一下未生之前的感受，有沒有擔心？擔心什麼？現在生了，感覺如何？當中的心路歷程？

未生之前，當然最擔心是懷孕過程中會 NMO 病發，又擔心自己食的藥跟打的 Rituximab 會影響 BB 的發育。生完又擔心會病發，因知道有孕後已停藥好長日子，加上醫生說生完後是病發高峰期，所以生完之後醫生就即刻安排我入院打 Rituximab，希望將發病風險減到最低。其實當知道有了 BB 的時候已經懷孕 19 週，情況有點尷尬，因為推算返日子，受孕時間應該是我剛剛打完 Rituximab，知道後即刻問醫生點算？點算？點算！？醫生當然被我激死，怎可能懷孕數月都不知道？我真是完全沒有想過，因為本來生了阿仔已經沒有打算再生，因為冒的險太大，所以一直有做足安全措施。再加上 2019 年發病之後生理周期大亂，所以就不以為然。於是醫生再仔細分析我知有什麼風險，因為他不可以幫我做決定，一切都要自己去衡量和決定。

第一，他說懷孕期間相對安全，最大機會是產後先會病發，產後就恢復做平時的治療就可以，但當然如果到懷孕後期病發，都是會照做平時的治療。但是他也不敢說再 NMO 病發會對我身體有什麼影響。第二，因為我吊針是化療藥，影響 B cell，不知會否影響胎兒骨骼，亦不知會否出現兔唇或面部缺陷，而且有可能影響淋巴系統或者免疫系統，這個絕對是我和老公真要面對的問題。其實聽到此，老公已經不想我生 BB，因為無論對我和 BB 都有太大風險。但是我那刻都想做完所有檢查，看看 BB 是否健康才作打算，如果 BB 仍健康，這樣為何要抹殺他生存的權利？更何況已經都行了一半路程，再堅持多 19-20 週就可以出世了。就這樣，我最終生下了這個小可愛！

患病中有沒有一些人曾經支持和鼓勵你？

最想多謝的是家人，他們對我的支持最大，一直沒有想過原來病起上來可以「咁大獲」。我亦曾經有想過放棄自己，心想，沒有理由要患鼻咽癌的媽媽反過來去照顧我。

另外最想多謝是 QE 伊利沙伯醫院腦神經科的李紫菁醫生，她知道我有了 BB 之後，比我還緊張，(嗱嗱臨) 即時叫我回院覆診，生前與生後都密切留意我狀況。還有要多謝幫我洗血和吊針的添爺及柯姑娘，他們全部都好疼我。

想多謝的人多到數不完。有佛教醫院所有醫護人員，包括醫生、姑娘、物理治療師、職業治療師和助理姐姐，當我抽筋抽到癲了，多謝你們一聽到我抽筋慘叫的時候，你們都第一時間衝過來幫我，還會為我每日祈禱，你們對我的恩情勝似家人。

這個患病經歷對你有什麼人生體會或啟發？

病了先發現原來健康是一樣好奢侈的東西，所以現在我會好好珍惜行得走得的日子，還有自己可以自行小便的能力，趁仍行到的時候，要帶仔女去多些不同的地方。

除了加油外，想跟同路人或想生小朋友的 NMO 病友說的話

想生 BB 的病友們，生之前記得安排得好一些，不要好像我咁大頭蝦，哈哈！不然真是會激死班醫生。雖然生 BB 風險是大了一點點，但就算一個正常人生 BB 都是有一定風險呢！當然最好跟另一半商量好，有了共識先再作決定！每人決定可能不同，只要是已考慮了風險和期盼等各因素，最終你們的決定已經是最負責的了。

（* 此文章純粹是病友分享文章，對 NMO 女士應否生小朋友沒有指導性或決定性意見，有關生育的風險資料純粹個人意見，在此並未經醫生核實，有生育疑問的 NMO 病友請諮詢專業醫生意見）

”

高齡 NMO 患者

阿珍

考驗有多艱難，意志就有多頑強！

突如其來的頭痛，左邊身不由我主宰。事情是如何發生？

在六年前的一個晚上，那時我已是 67 歲，不是一個常見 NMO 的病發年齡，可說是超齡的 NMO 病患，在睡夢中覺得頭劇痛，想作嘔，早上起來步行失平衡，之後就左邊身沒有力，漸漸動不來，莫說要站起來，連坐都無力，入院後醫生以為我中風。住院一個月後右肩膊又無故嚴重受損，連右手都不能動，匙都拿不起，若沒有人餵，我自己根本不能進食，執筆寫字都不能。又一個月後，開始頻密和劇烈抽筋，一天可以抽上過百次，痛苦難當。因視力沒有影響，沒有人懷疑我患 NMO，足足半年醫生都是當我中風的去醫。留院五個月都不能恢復活動能力，之後小便有困難，膀胱積了差不多 2,000 毫升小便都不能排出，正常膀胱容量只有 300 - 500 毫升。在香港的一切檢驗都排除患 NMO 可能性，但最後把血送去美國驗才證實真是 NMO。

開始服食 NMO 藥兩年後我又復發了，原本得來不易的小小進步，又再一次得而復失，本來都可步行短距離，現在又舉步為艱，由頭再開始，努力了兩年的心機一舖清袋，難免灰心。今次復發不單攻擊左邊身，連右邊身都受影響，心情真是跌入谷底！到現在我仍未可恢復至復發前的水平，出入都要靠輪椅代步，亦不可自行去廁所、沖涼、穿衣、上床下床、蓋被……

不放棄就是對家人的最好答謝

相信每個 NMO 病人都會有心情灰暗的時候，我又怎會沒有？但當看到我家人對我的著緊，對我大大小小各樣事上的關懷備至，我小小的進步他們都雀躍萬分，為我熱心張羅，為的是要安排最好的給我，我又怎可叫他們失望？雖然我現在好多事未必幫得上，本來是我照顧一家，但現在要他們照顧我，不過我可以做的就是不放棄自己，只要不放棄，就成為了一家的最強精神支柱，也不辜負他們對我的無盡負出。

經歷過之前大小便障礙，現在每次順利如廁，我們一家都覺得是恩典，大家都為我順利如廁開心興奮，滿心感恩，行每一步都像奇蹟，旁人不會明白為何這麼小事我們都要這麼開心，因為他們未曾經歷過，不知道有些看似理所當然的小事其實好珍貴，有錢都買不到。我家人又為我安排了看很多不同學科的醫生，單單腦神經科都看 3 個醫生，又為我安排物理治療、還有中醫、針灸、按摩……我住院六個月期間，我小女兒每天都煮住家飯給我，有正職的她還要每天煮不同菜式，弄到隔離床位阿婆十分羨慕，為的只是要我食餐好，少一點住院感覺。我丈夫當初見到我日日抽筋，心痛難過得哭了不少次，他對我照顧得很細心，能夠做的他都全為我做了……家人為我所做的，讓我感受到，雖然 NMO 奪去我一些能力，但永遠不能奪去我一家的愛，這愛給我勇氣力量向前行，不輕易說放棄。

另外教會弟兄姊妹的關心，都令我好感動。大半年沒有返教會，第一次再返教會他們個個前來與我握手慰問，好像向明星攞簽名般出現人龍，我都不知道原來我有這麼多 Fans；有些人見到我坐輪椅還激動得哭起來，有些教友硬要陪伴護送我們回家才離開……他們的熱情又叫我再一次不要輕言放棄。

人間總是充滿情，只是當日子平順時沒有發現。

學習看見細小美事

住院的日子好艱難，政府醫院欠缺資源，醫護未必個個可以做得咁好，但有些好事就令我銘記在心。住院時好難安排到沖涼，試過六天都安排不到，我又不能動，好多護士都沖得馬虎。記得有位姑娘好落力幫我，沖得我好乾淨，沖完還要幫我坐在椅上，其實那時我都坐得不太穩，但她都堅持幫我坐，還說不信「搞不掂我」，最後她幫我坐得好穩好安全，還遞了手提電話給我叫我玩過日神，其實她可以不需做這麼多，我亦沒有要求她，但她多做了的這些令我好暖心，令病人感到護士都關心自己感受，令病人有種在家坐著玩電話的自如感，雖然我不知她姓甚名誰，但幾年後的今天我都記起她為我作的，**「謝謝妳多走一步！」**

另外有一次去政府專科門診，那時仍是未有力坐，所以是臥床去看，因我女兒不記得帶水樽，而我躺著床好難用杯飲水，門診護士好好，不單給我水，還找了很久找到支飲管，最後多給了兩塊餅給我們，一塊甜的給我女兒，不甜的是給我，她作的雖然不是什麼偉大事，但盡顯心思，猜不到在政府醫院我們會遇上天使！

住院期間我什麼都不能做，沖完涼洗完頭當然不能自己吹頭髮，誰知對面床位阿婆主動過來拿風筒幫我吹乾頭髮，其實她比我大十幾年，只是她能動而我不能，她又不是我家人，她本來都需要人照顧，但仍反過來幫我，吹完後還幫我梳得靚靚的，簡直是星級服務！

其實只要用心細細看，人間真是充滿愛！

我的心願！

未病前，我喜歡旅行、影相、烹飪、弄西式糕點……現在這些都做不到。現在我只希望可以用 Stick 輔助步行到短距離，可以去街市買菜，可以煮到少少菜，可以執筆寫到工整字……都已心滿已足，希望這些小小願望都能終有一天實現。

想跟病友說的話

沒有人會想病，大家都不想，但既然已發生，不如用另一角度去看將來。心情不好實屬正常，每當又復發時確實心灰意冷，暫時的灰心是可以的，但最後我們都要為自己選擇用什麼心態去繼續行，莫被一時的灰心拖垮未來要過的日子。若上天給我們這個獨特考驗，上天都應該賜下克服考驗的意志。

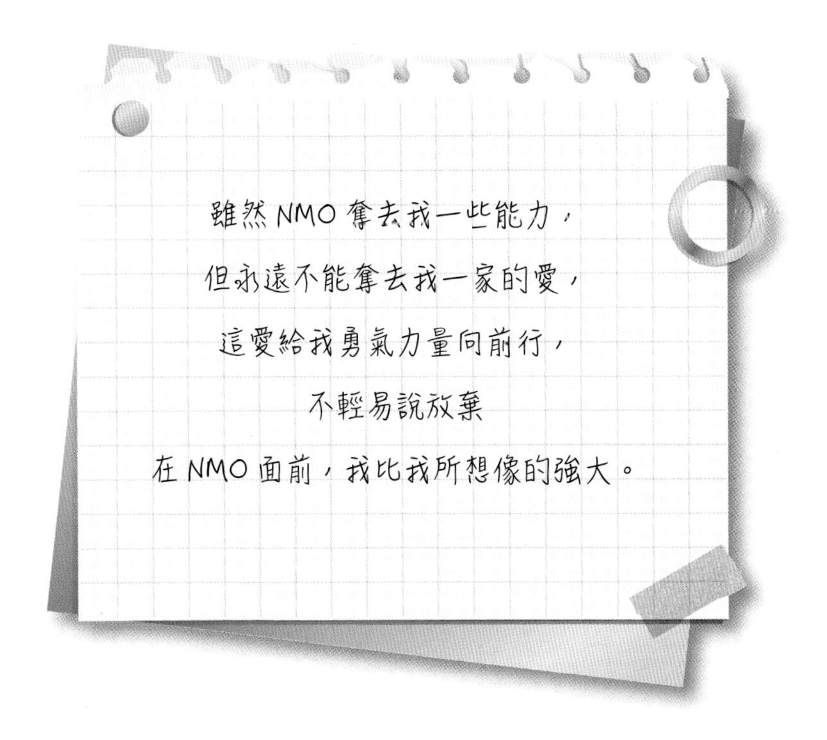

失而復得的珍貴

Maggie

第一次病發 Call 999!

「老公，老公，幫我 call 999!」

11 年前的某個清晨，當我想下床，這時就跌倒在床邊，我心知不妙。雙腳乏力，正在發燒，頭痛得快要炸開。到達急症室後，醫生立即安排我上病房及照 X 光，這時，雙腿已失去知覺。一隊高級醫生圍在我床邊不停地談論我的情況，他們建議我立刻去私家醫院做磁力共振以查清病因，老公簽名同意，院方就用救護車送我到法國醫院去照磁力共振。折騰了半天，回到伊利沙伯醫院，一隊高級醫生又來了，有骨科、脊科、腦神經科……記不清有什麼人了，只知道每個醫生又敲又撩我的腳，看看我有沒有感覺。最後，他們跟老公說，查不出是什麼病，只知道脊髓神經多處發炎，他們唯有先給我用消炎藥和類固醇來控制病情。

第一次發病時，醫生懷疑我是多發性硬化症 (MS)，所以抽血送到美國去化驗，但是查不出結果來。在醫院治療了兩個多月，腿已回復活動能力和知覺，可以自己扶着拐杖走路。可是再過了兩個月的某一天，NMO 今次攻擊我的眼睛，右眼漸漸失去光明，我到眼科醫院求診，當時為我診症的是鄭智安醫生，他說我可能會盲，我立即大哭起來。由於我早前已登記醫健通，他可查看我的病歷紀錄，看完立刻與伊利沙伯醫院的方嘉穎醫生聯絡，第二天便返回醫院進行洗血療程。我很信任這兩位醫生，我相信主耶穌會安排適當的天使在不同時候去幫助我。

6 年後才確診 NMO

其實，我真正確診是在 2016 年的第二次發病，這次主要攻擊左眼。所以我現在左眼視力比較差，眼前像是蓋上一層輕紗，至於右眼則是色彩暗灰，但視力正常。幸好手腳的活動能力是正常的，只是左腳外側沒有冷熱感覺，小便時要花點氣力，雙腳時有抽動。我很感恩，雖然病發時心裡都作出最壞的打算，但是在治療期間，看見自己日漸康復，不得不感謝神的憐憫。現在仍可以上班、照顧自己和正常生活，這樣平凡的幸福，真是得來不易。

回想起來，當時我是有些不知所措，所以不懂得傷心和害怕。但我知道我要堅強面對，不是憑我的意志，而是憑那加給我力量的神。當時我的丈夫和女兒都憂憂愁愁，如果我也軟弱下來，他們的信心也會崩潰。所以他們來探望我的時候，我不會哭。許多人都問我為何可以樂觀面對，我都會說因為有神同行，我相信我不能承擔的痛苦，祂都願意為我擔當，這樣才可以勇敢面對明天。加上我都不知道患上什麼病，與其每天擔驚受怕，倒不如活好今天。

難忘的是你、妳、祢……

現在我正從回憶中拾回當年那一段段記憶，實在有很多難忘的片段。第一次讓老公帶女兒來探望時的激動；方醫生致電給我所帶來的安慰；慧雯來探望時的鼓勵；媽媽不辭勞苦的照顧；老公每天放工後到醫院為我抹身；在病床上看窗外的煙花；在醫院裏切生日蛋糕慶祝……其實每一個回憶片段都是人生的鼓勵，我身邊有很多美好的事物是值得感謝，凡事正面，積極面對，又何懼之有。聖經有一節金句：**「喜樂的心是良藥。」**

眾裡尋她，終出現本地 NMO 群組

當年有關 NMO 的資訊很少，大多數是英文版本，而只有少數是台灣版和中國內地版本。所以我知的不多，我漸漸地失去搜尋 NMO 資料的動力。我的阿 Q 精神是活在當下，過好每一天，**「明天自有明天的憂慮，一天的難處，一天當就夠了。」**上個月的某一天，我突然有一個感動，我想知道多一些關於 NMO 的資訊，因此我在網上胡亂搜尋，就找到這個香港 NMO 群組，我想這正是時候結合我們這一班同路人去認識這個病。對我來說是一個從神而來的提醒，提醒我不應再逃避了，要站起來去鼓勵和支持病友。我不是想做偉大的事，而是做我可以做的事！

正所謂：**「態度決定你的高度。」**醫學科技發達，我相信我們是有將來的，終有一天會有根治 NMO 的藥物啊！

只要懷有希望，努力生存下去。

朋友們，請一起相信**「明天會更好」**。

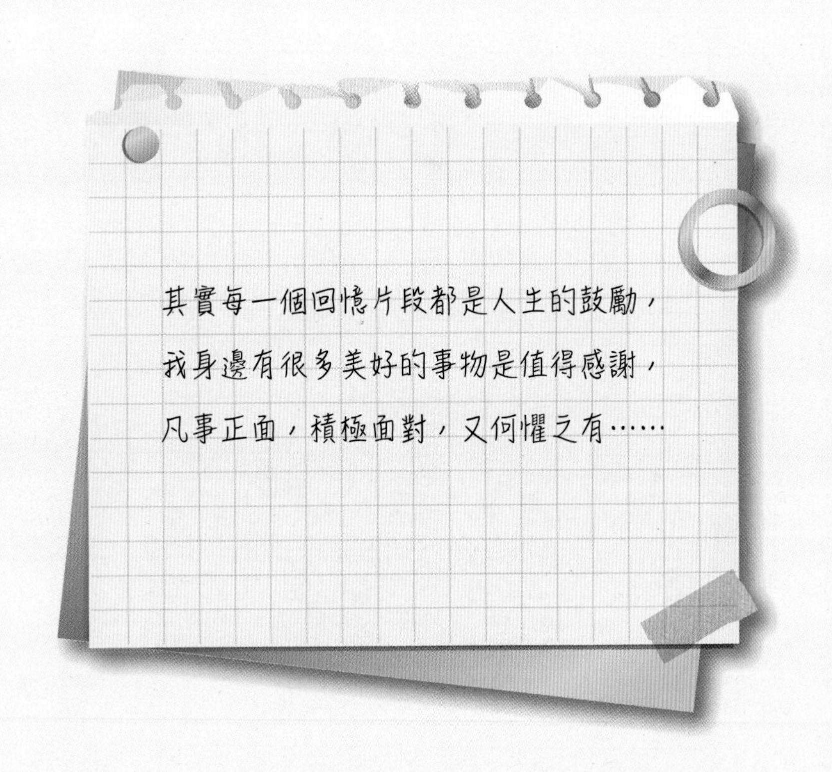
其實每一個回憶片段都是人生的鼓勵，
我身邊有很多美好的事物是值得感謝，
凡事正面，積極面對，又何懼之有……

社工也是人

West

由痕癢和劇痛開始

回想病發於 2019 年，右大腿位置異常痕癢，抓癢時會出現被火燒感覺，直到某日如常出門上班，行到 2 樓 (家住唐 5 樓)，右大腿突然劇痛及痕癢，同樣出現火燒感覺，因而到急症室求醫，可惜醫生只視作普通痛症看待，痛楚依舊存在。隨後，自覺神經出現問題，所以再向腦神經科求醫，並入院處理，但仍找不到病因。由於服用醫生藥物後有所好轉，即使右手仍陸續出現痕癢及火燒感覺，但每次都短暫發生，所以醫生每次都表示無礙。

直至 2020 年，右手開始出現痕癢及有上次的劇痛，另新加頸部疼痛，起初以為是頸椎問題，因而更換枕頭處理，但情況無改善，疼痛更厲害至睡著也痛醒。因有上次劇痛經驗，再找腦神經科醫生處理，這次幸運及感激遇上兩位好醫生，他們給予很多專業意見，並即時為我找到合適治療方法，經過不同檢查，發現脊髓在 L2 至 L8 位置的神經發炎，情況比想像嚴重。醫生覺得我非常幸運，說如發炎位置多加 0.5 厘米，我應該已經癱瘓，最後在 2020 年 12 月聖誕節前證實患上 NMO。

我以後就是這樣？要改用左手寫字嗎？

幸好我暫時未有試過失去視力，當時主要是影響右手，記得注射高劑量類固醇後，整個身體變得僵硬，而右手亦好似中風一般，連字都不能寫，腦袋不斷浮現「我以後就是這樣嗎？」這問題，相信經歷過相同情況的病友，必定明白當刻的無助、無望感。

初期病情反反覆覆，不停出入醫院，再加上影響右手活動能力，心情甚為低落，感恩有朋友陪伴。自覺最難過的生活亦需要過，我想若要克服困難，都是要靠自己的意志將問題解決。最深刻的是，我擔心以後自己右手不能再寫字，於是我去了書店，購買了幾本寫字簿，準備重新學習使用左手寫字。

NMO 主要影響我右手，而且身體有僵硬情況，當時我連最基本的自理都需要他人協助，好感恩有一位好朋友每日不辭勞苦照顧我。在我最無助、最脆弱時，她給我最大的支持，每日都安慰、陪伴，這最令我深刻和感動。得了此病後，我與妹妹的關係亦加深了，她會主動了解這病，幫我找資料和資源，今天能認識大家都是靠她的協助。而最令我感動的一句就是，她說：

「即使日後，（你）癱咗，我哋最多用輪椅帶你去旅行。」

而我從來也沒有想過妹妹會跟我說這番話，感動！感激！。

由助人者轉為被助者，更體會真正需要

我是一位資深社工，服務不同對象多年，事實上社工也是人，人亦有感受。但這一刻確實相當無助，令我更加明白服務對象平常所面對的困境，例如他們不懂找相關資源及資料去協助自己。其實當有事發生，人可能會變得迷惘，正正我是社工，體驗過有關情況，當我去協助服務對象時，更容易與他們連結、有共鳴及了解他們的困擾。

因為 NMO 罕有，社會上有很多人連這病名稱都未曾聽過，上網尋找資料又不充足，所以社會給與患者的資源相當有限，支援亦不多。故此我非常期望可以讓大眾認識及了解 NMO 病患群組，同路人大家一起發聲，真正實踐

助人自助的精神。我期望更多人認識 NMO，尤其當看非專科醫生時，有部份醫生連 NMO 都不認識，期望在醫生受訓時，可以增加對罕見病的認識，我認為若醫生有了認知，有助患者盡早確診及提供治療。亦期望社會對罕有病的關顧、資助及支援，如自費藥物可減費及扣稅、支援照顧者等等。

即使黑仔，仍是豐富

從小到大，我所認識的朋友都會說我：「黑仔」，就連我自己都有此感覺；因為絕無可能發生的事，都有可能發生於我身上，有時連自己都覺得，可以活到現在都是一個奇蹟。但我看「黑仔」這個名字的意義與朋友的定義好不同，即使我好「黑仔」，但我慶幸我的經歷及體驗比其他人多，每「黑」一次都是一個考驗，相信神正給我不一樣的考驗。可能有同路人認為六合彩未見中獎，但為何這個罕見病偏偏跑到我頭上來，當然我都有此想法。不過我在這過程中，我覺得自己比中六合彩所得到的更多及更豐厚，我得到家人、朋友及同事對我無條件的愛，他們的關懷我銘記於心。

或者我們都是「黑仔」，但我們也是被神所眷顧的人，所以我們最終可得到非一般的愛。就算你沒有信仰，上天既給了你這考驗，定給予你戰勝難關的本錢和同行者，我肯定是你其中的一位同行者！

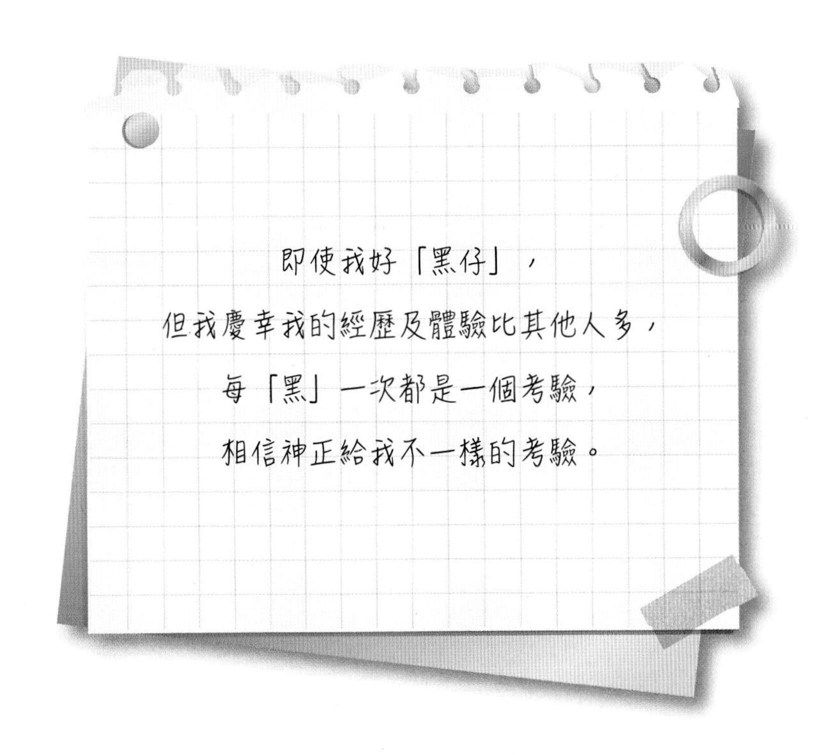

無常才是人生

Stephen

回想過去，多少樂事？多少令人流淚？

回想當初未復發前，我正值壯年。事業上，在一間千幾人的公司任職人事行政部經理；家庭上，是家庭經濟支柱，是一位有兩個幼女的父親和丈夫。卻在農曆新年假期間，因身體不舒服，短短數天，由一個正常人，刹那間變成活死人，只能靠呼吸機維持生命，四肢全癱，只剩下大腦清醒和僅懂得流眼淚……

如果你問我：**「當時的心情是怎樣？」**

我只知道，這刻自己寫這些回憶時，正在流眼淚，還在流鼻涕！

只求一晚安睡是奢望嗎？

我記得，當自己躺在 ICU 睜開眼睛那刻，知道自己被插了呼吸機，說不了話時，我的感受是滅頂之災，萬念俱灰！心中只有一個想死的念頭！每天用眼神或嘴形去求我老婆，幫我拔掉呼吸機！但當後來，我被告知自己可自主呼吸，被告知有機會拔除呼吸機，想到有機會重新工作，照顧家庭時，心情是興奮的，即時亦重燃了生命的意志。為了達成願望，我拼命做物理治療，但情況卻非如想像般順利，心境亦因康復進度欠理想而改變。由當初滿懷希望可以重投社會工作照顧家庭，到後來轉為只希望可以「行得返」，再下降到現時只希望每天痛症可以減少，每晚可安穩熟睡已心滿已足。

折磨我到死去活來的神經痛

痛症每天主宰了我的情緒，因為這個痛症的特點是：全天候。一日之中波幅好大，可以是前一刻和下一刻截然不同;另外，自己的情緒或脾氣又直接影響神經線的穩定。所以我每天準時食藥，以減少痛症，是控制情緒的前提。另外，可否食用適量的止痛藥又是另一個大問題，因為止痛藥的用量直接影響精神狀態，就如:有些止痛藥的劑量，多半粒或少半粒，都對精神狀態造成天淵之別。醫生說，「除了類固醇和免疫抑制劑不能自己調較外，止痛藥可以自己按痛症情況進行調較。」當我痛少些時，我會做些能力所及的運動，適當運動真的可以暫時舒緩痛症。當然尋求社工和專業人士的心理輔導是有一定幫助，因為他們專業的意見，可以引導我從另一正面角度去面對事情。我亦常提醒自己要懷感恩的心，常回憶當初生不如死的自己，常回憶當初的不容易，希望藉此自我安慰，叫自己去珍惜現在，好好面對現在。

古文有說：**「來如風雨，去似微塵！」**來形容人生在世，轟烈的來，安靜地走。但我倒認為我們的病是：來如風雨，卻不能去似微塵。我想把「人生無常」這四字改為**「無常才是人生」**，以此突出無常隨時會降臨人身上。人真的無比渺小，尤其面對疾病的時候，更是無能、無助。我深深體會：活在當下！過好每一天。

我只是一個卑微脆弱的同路人

其實我也是 NMO 病的過來人，在面對痛楚的時候，並不是如口中所講的那麼堅強；相反，是表現得非常卑微和脆弱的；在日常生活裡，也是在不容易中學習和面對。除了大家彼此加油外，我想和大家分享一些臨床心理學家鼓勵我的話，希望對您們有所裨益：

1) 不用擔心病情會影響自己和兒女的關係，因為父愛或母愛是「不可替代」的。

2) 千萬不要用「不正常人」去形容自己。其實你跟正常人沒分別，只不過，你現在是用另一種方式去生活，用另一種方式去照顧家庭，保護家庭。但是，你卻比以前的自己更加堅強，以前你出一分力就可照顧家庭，而現在，你卻需要付出比以前多出十分的力。

3) 當痛苦想放棄時，想想我們還有愛我們的人和我們愛的人！

最怕負累年老母親

Mandy

你好，我是 Mandy，名副其實的中女一名，現從事文職工作。

拖延良久都未可確診

早在 2015 年中我已出現視神經脊髓炎 (NMO) 的病徵，當時偶爾發生數十秒的間歇性腿部麻痺，隨後又慢慢回復正常，令我對此病不以為然。雖然曾經尋求醫生的專業意見，但都被診斷為骨科的病症，並要輪候骨科新症達數年之久。由於病徵出現次數不太頻繁，令我對此病的警覺性不高。直至 2019 年某一天上班途中，步履無力和不穩，當時醫生認為是坐姿不良引致。隨後幾天，病情一直惡化下去，不僅是雙腿僵硬無力，感覺都失去，甚至連臀部亦失去感覺，上廁所都感到困難，只可靠輪椅外出。雖然很快地被安排住院，但醫生一直未能找出病因，得不到適切的治療。同時，由於病床緊絀，醫生屢次勸我先出院後覆診。若當時真的出院，我會面對很大的壓力，一來行動不便不能自理，二來加重了年老母親的負累。幸好轉了腦神經科醫生後，事情就有了轉機，最後確診了 NMO。

從頭學走路

康復的道路並不平坦，當時的我只能夠用助行架如幼童般學行，我曾經為前路擔憂，為日後未能上班而感觸落淚。幸好，可能我是基督徒，深信神必看顧我，保守我，憑著信念相信會康復。期間，雖然得到駐院的物理治療師指導，但學行的時間不多，為了令自己加快痊癒，我都不厭其煩向物理治療師請教在床上可作什麼腿部運動，並在臥床期間加緊練習。當然，家人在我康復的過程中擔當重要的角色，他們每天車輪式的探望，令我每天都有時間在醫院內學習行走，他們的鼓勵和默默的付出令我在出院前已可轉用拐杖輔助走路。

學會轉變生活方式

出院的初期，為了對 NMO 有進一步認識，我在網上多方搜尋相關的資訊，但多是外國群組的資料，當中得悉此病在壓力下會加速復發，每次復發可能引致身體不同程度的殘缺。為此，我在生活上和工作上作出一些調整。在生活上，過往的我不喜歡做運動，現在的我會參加健體課程；過去的我不會去游泳，現在的我會到游泳池嬉水；在工作上，我申請調往工作不太繁忙的組別，以求減輕工作上的壓力。面對 NMO 這個病，我唯一可以做的就是減低復發的機會，同時，我開始慢慢接受自己身體上的限制，知道在任何事情上不能太拼搏。康復期間，我發現身邊許多人和事是以往一直忽略的，尤其是家人，幸福不是必然的，我會緊記珍惜眼前的人和事。

我的願望

展望將來，我希望日後 NMO 這個惡疾不要再復發，因每次的復發都帶來身體的損害，亦有可能造成永久性的殘缺，導致日常的生活和工作受到影響。另外，隨著醫學進步，我希望將來有完全根治 NMO 的藥物出現，不需面對復發的威脅。因應 NMOHK 協會剛成立，我希望香港的 NMO 病患者能彼此靠近，互相鼓勵，一同分享疾病的資訊，走過未來的日子。

最後，所有 NMO 病友，請謹記你們不是孤軍作戰，至少有我們這一群！

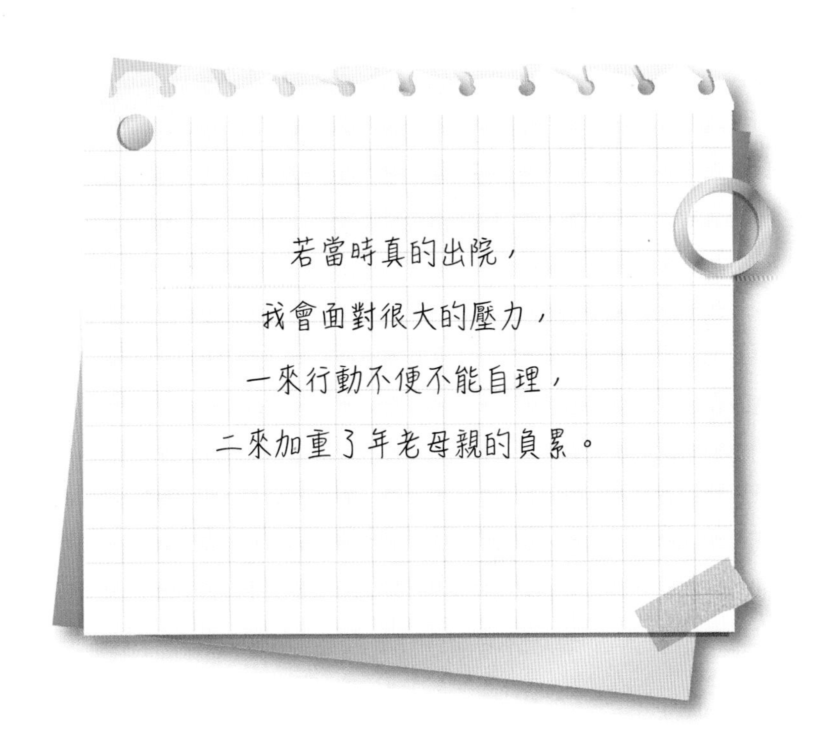

告別沖、沖、沖的日子

Ida

護士以為我不行了

8年前的一天，我突然感到頭暈，當時以為自己只是貧血。怎料之後頭暈依舊，我穿插於多間公立和私家醫院，最終入ICU住了8天。記得入住當晚，我還未明白病情的嚴重性，不斷問護士什麼時候可以出院回去工作。然而之後我就陷入昏迷，感覺累得像已踏入鬼門關。翌日醒來，護士們都說接收我當晚還以為我不行了。

之後在ICU和普通病房經歷抽骨髓、「生蛇」等，雖然十分辛苦，但我還是很掛念家中3個孩子，於是向醫生請假出院見一見孩子們。可是出院沒多久，醫院又召回我，因為送往瑪麗醫院的血液化驗確診了我患NMO，因此我又折返醫院待了3個月。出院那一天，身體很虛弱，需要用輪椅代步，當刻我心情很沈重。

出院後，試過中西醫、氣功、物理治療等不同治療方法，年半後終於不再需要用輪椅代步，嘔吐、頭暈、抽筋、食慾不振等病徵都逐漸好轉。

人生最珍貴的不是一份工

患病前的 20 年生活，我一直都在「沖沖沖」！拍拖、結婚、生子……工作亦一直很順利，那時身為在職媽媽，雖然辛苦但好享受。直到發病後，所謂工作、前途、成就都煙消雲散，曾付出的努力全白費了，以往快速緊張的生活更被迫慢下來。

正值這段被迫停下來的日子裏，我認識了神，也重新認識自己和身邊的人。

患病後我丈夫一直不遺餘力地照顧我，實踐著婚姻的承諾，照顧我、愛我、珍惜我。我真的很感激他一直與我同行，不離不棄，家中 3 個寶貝兒女，儘管有很多學校活動我都缺席了，但都十分諒解和忍耐，更一直比媽媽我更正面去面對我的病，令我感到很窩心。丈夫和孩子們的陪伴是令我堅持下去的動力。不管今後我的病情如何變化，我都希望我的家人能夠快快樂樂、健健康康地生活下去。

NMO 打亂人生？還是成就另一種人生？

外人看來，NMO 像是把我原來的生活打亂，但其實是讓我活出另一種人生的契機，從以前甚麼都要「快」的性格，到現在學懂慢活，學會身處什麼景況下都要感恩和知足。現在雖然行動不方便，但已有很大進步，更因而知道要時常抱有盼望，不要放棄。

我從來沒有埋怨這個病。生老病死每人都要經歷，人不能控制，倒不如坦然面對和接受，也希望我能給孩子們一個正面榜樣，將來無懼人生各種困難。這是一個不能完全治癒的長期病，但我已經沒有去多想，因為我相信神自有安排，更常感恩天父對我和家人的照顧。

雨總會停

病友們，人生沒有下不停的雨，天一定會晴。

NMO 雖然並未消失，但你人生的灰暗心情總會過去，雖不能控制 NMO 到訪，但卻可以改變與它共處的心情！

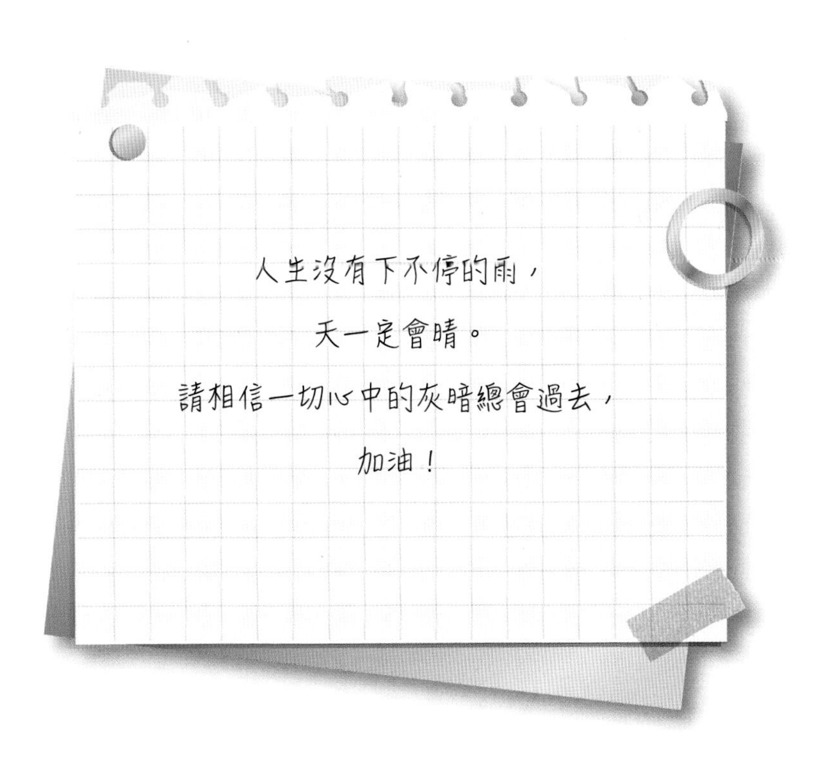
人生沒有下不停的雨，
天一定會晴。
請相信一切心中的灰暗總會過去，
加油！

我有用”

Peggy

分享我創業甘、甜

創不創業，不需勉強

有不有用，才為重要

我要用我還有的，去做我最多最大最想做的事

就算失去了這，沒有了那，我仍可證明「我有用！」

一個因 NMO 半身癱瘓的女仔，

跟你分享這 6 年的創業經過，

要勉勵同路人克服眼前以為的障礙，

發揮自己的價值……

”

用我上半身，去寫好我的下半生！

▲未病前的 Peggy

NMO 不是我全部

Hello 我叫做 Peggy（大家叫我虎媽，因我的貓、我個女叫小虎），今年 40 歲，患了 NMOSD（NMO 的一種）已 11 年了。

接下來，我會分享一下我的生活（注：當然我不是專家［我都想是專業人士］，無法解答大家的疑問，只是分享一下自己的體驗、生活），唔知你有冇興趣？

這十一年來，我已病發了 6、7 次，一次比一次嚴重，現在我已半癱了，下半身郁動唔到，視力都越來越差。（記住！每人唔同）

但是，我好快樂、好滿足。點解？

病咗仲快樂滿足？何解？

其實在病發前、還是正常人時，我是編輯，做了 10

年了。雜誌編輯、品牌書仔編輯、網頁編輯，甚麼都做過。那時候，雖然好忙，成日朝 6 晚 2，但是好滿足。本來 10 年豐富和滿足的工作經驗，突然間無晒，你會點？

人生難料，我真是病了。

不過，我現在都好快樂。因為我擁有自己的事業，事業？是甚麼？原來即使半癱的我都可以擁有自己的網店，仲要已成立、做了 6 年多了。我不會誇讚自己是大生意，絕對不是，很微利的。

但我很高興累積了一班熟客，成日幫襯，仲完全建立了另一班朋友網絡；更高興的是這些微利足以俾我養大自己個女（貓女小虎）。她的貓砂、貓糧、玩具、用品……都是我買的，是我養大佢的，我以此為傲。

一隻孤兒貓的啟示

其實，佢都俾了好大激勵我，佢是一出世，就俾人連埋臍帶掉在垃圾房側邊。結果無媽媽，牠家姐、細妹都捱唔住走了，淨番佢一個。佢一直，尤其當我在醫院時，給了我很大動力，我心想，連佢這樣都捱得到，我點會唔得？我一定得！希望你身邊都有咁樣的例子激勵你。

另一方面，其實這網店也緣於佢，初養佢時，因為橫掂也要買許多貓東西，倒不如自己買，自己賣埋都好。屋企人很支持、鼓勵我的，因為當時我已病到辭職了，百無聊賴在家，他們很擔心我胡思亂想，想東想西，意志消沉，其實我真的在醫院喊住辭職的。屋企人好擔心我，那不如搵點事情做。於是就開了這網店，賣貓的東西，貨品大部分來自日本的。

我不是一Q清袋

我好滿足，因為依份工應用了我的能力，寫產品介紹應用了我以前 10 年的編輯、書寫、文字能力，來寫文章、介紹；賣日本東西需翻譯日文，要睇、譯、明白，應用了我識日文的能力。這讓我覺得自己是一個有用的人，我雖然半癱了，我還能盡自己的能力去做最多的事情。我是有用的！

雖然 NMO 真的攞走了我好多東西，但原來它沒有攞走我的所有，至少我的生意大部份都是由我自己負責，我不是一 Q 清袋。我行唔到，咁我去用手。我說不好，咁我去寫。我不能出外工作，咁我在床上都一樣可做生意，當然說的是網店生意啦！其實所謂前路，就是你看到自己還有什麼，你看到有就有，你看到冇就冇了，一切都自己決定啊！

我行過了，是得的！你呢？

我意思不是人人都要創業，不是說自己有幾叻，我一點都唔叻，只是做點自己能力做到的事。今天當我回想當天，若六年前我沒有開始做點事，就不會有今天的開心和滿足，亦不知道原來自己真係得！你得？定唔得？不是靠你呆坐想出來的，是靠做出來才知，如果你唔行第一步，你永遠唔知結局啊！我正正就是過來人，雖然冇包生仔，但試過就無憾了。大家都試試盡最大的能力盡力去做吧，會好滿足的。你最大的能力是甚麼呢？想想、試試啦！加油呀！我是你的病友，我會支持你的。雖然唔容易，但做到幾多就做吧，我都是這樣的走過來，你亦可創造你的前路！加油！

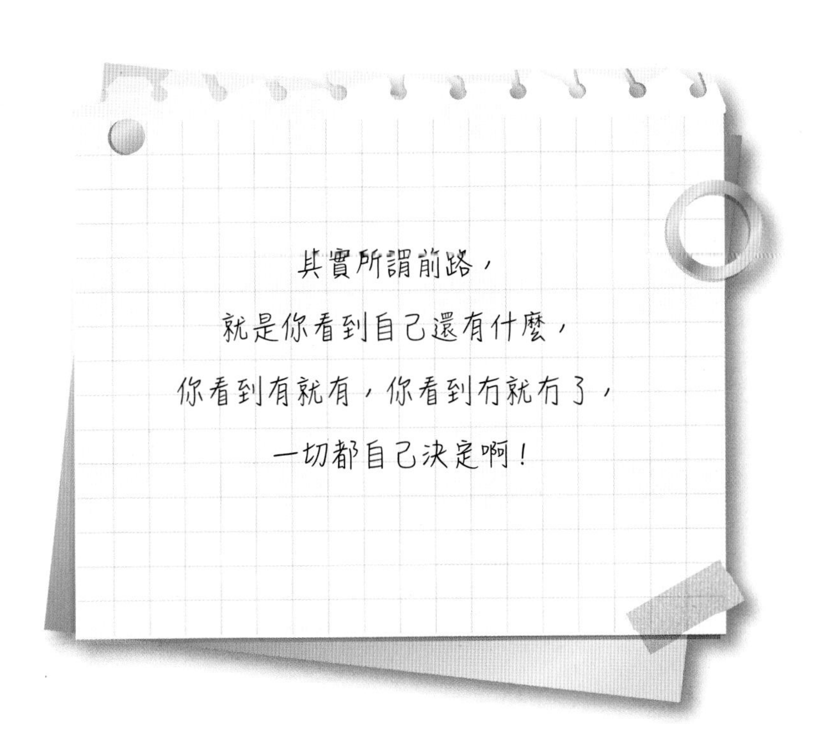
其實所謂前路，
就是你看到自己還有什麼，
你看到有就有，你看到冇就冇了，
一切都自己決定啊！

”六年前相識的第一個客人

▲ Peggy 的女兒——小虎

第一個客竟成了我的朋友

講起這已經做了六年幾的網店，唔可以唔提我第一個顧客。這還記得？

六年幾，其實遇到的客人唔過千都幾百，點解這麼記得第一個顧客，真的記得？記得！因為特別之處是，到今時今日、六年幾後的今天，佢還幫襯住我，是我的客人。誇張的是她已經是我的朋友，唔止是顧客，我們會約出來 Tea，一齊食東西傾計。有一次，我們去了酒店 High-Tea，好開心，我們傾了好耐。還有，連她的妹也做了我的朋友、會一齊食東西。（更搞笑連佢媽媽都識我）好誇張！全家都識我！普通朋友都唔會！

大家的貓做了親戚

更更更匪而所思的是，她的貓做了我的貓（小虎）的表哥（名義上）。對，是表哥。連親戚關係都有了。好奇怪，但好甜蜜！點解是表哥？這是因為他們太似樣了，就像親生的、同胎的，簡直一個餅印。其實我們最初是想讓牠們認做兄妹的，不過因為小虎沒有兄弟的，講唔通，所以就做了表哥，已經做了親戚六年了。是不是好奇怪？

跟客人會講心事嗎？

其實我同她，平時買賣時，我們就是普通的店主同顧客關係，沒有特別。沒有打折給她的，佢又唔會講價，看中才買，唔會夾硬幫襯的。但其他時候，我們會甚麼事都講。最主要是佢知道（最初唔知道，只覺我是普通平常人一個）、清楚我的病，知道甚麼事，知道我有甚麼問題，知道我癱，知道 NMO 的可怕。你有這樣的朋友嗎？喜又講，悲又講，幾好呀！而當我唔舒服時，就會同佢傾訴，例如佢知道我去醫院，佢知道我拮針，知道我洗血，知道我又去做物理治療，知道我在醫院喊，同時卻知道我在醫院感恩，知道我在醫院捱過了兩個幾月，更知道我有幾掛住小虎，甚麼都知道，佢一直支持住我、想幫我。

工作上冇真心朋友？

當初，我開網店只想做生意、賺錢，我沒有想過因此識到朋友，還要唔少。若你問我，我是不相信網緣、網結的，點會識到真心的朋友。但原來真是可以的。結果，其實除了這個之外，我還識了好多朋友（是以前完全唔識的），他們完全真心愛和關心我同小虎，這是我完全沒想過的。

你相信嗎？你在職場上有朋友嗎？

唔一定是開舖，其實在普通職場上、做嘢的地方，識到真心的朋友好開心。在工作或合作的地方有真正的朋友多珍貴！

雖然 NMO 好可怕，但朋友令我行得輕鬆點，懼怕都似乎分減了一些。

我第一個顧客（Vicky）親身說：

「我同虎媽嘅相識應該係由 2015 年開始，那時我都是剛開始養貓，是機緣巧合下，在 Facebook 見到小虎雜貨屋 Page，由那一刻開始我就定期會同虎媽買東西。

虎媽是一個好好的人，佢好唔同出面開舖的人。

例如，好多次佢一出 Post 我就即刻搵佢買東西，佢會叫我考慮清楚先，又有一次我唔記得過數比佢，但佢都一樣幫我訂貨，還寄了件貨給我，我那時先醒起自己未付錢。

我們之間就是有一種信任。所以我們亦都慢慢變了做朋友，亦都因為虎媽同小虎的關係，令我認識了其他貓友。

我們的相識，小虎同表哥的相似，我相信都係上天安排的緣份。」

”誰成就我今天？

▲ Peggy 和家姐

網店的功臣——家姐

做一間網店，實在唔容易的，若要做得好，一點都唔易，好難。又要顧及好多事，買貨、問價、查詢……太多太多，既要顧買貨，又要賣，還有東有西，談何容易？

我還要有病的、癱的、成日會有事、看病、物理治療、每日早午晚運動等，結果，好多事都做唔到、無辦法做，應付唔到如此多。

好彩，我有個得力助手，幫了我好多好多，替我做了好多事。那就是我的家姐，親生姐姐，我一定要多謝佢、讚佢！

如果唔係佢，我根本做唔到間網店，唔會有這間網店。

其實如沒有佢，唔好話網店，根本甚麼都做唔到。一切一切都是佢！佢令我好似甚麼都得，其實一切佢都有份的。

姊妹之間的默契

佢要照顧一個有 NMO、半癱、要插尿喉的我不獨止，已經好辛苦，好多工作的了，佢有份正職之外，還替我打點網店的好多好多，根本就像打兩、三份工，體力、精神消耗量都好大。

首先，佢同我品味好相似。佢睇中想賣的嘢，我大部分都啱；同樣，我鍾意的嘢，佢又認同，所以賣的東西基本上就是那些。我選 A，佢好少話 B。

所以，網店運作基本上都暢順，賣的東西都一致、同風格。這就是姊妹之間的默契吧？你覺得呢？

(說起來得意，我同佢是同月同日生日的，只是年份唔同)

勞動有家姐

此外，佢替我做了所有勞動的工作，因為我郁唔到，我癱了，我動不了雙腳，佢做了我的腳。包括來貨後拆貨、影相、組織，然後包裝給客、寫信封、去寄貨⋯⋯都是佢做的。

一切一切都是佢做的，你話勞動大唔大？多唔多事情做？但佢毫無怨言。你話偉唔偉大？

計數專員代替數字白痴

加上，佢替我做了所有關於數字、計數的工作。

其實我是文字人，一切以文字為先，只懂文字。但對數字我是完全0的，毫無認識，連普通的+-x÷我都唔識，計不到，是真的，識我的人都知道我數學有多「利害」。

所以所有關於數字的，都交給佢，包括計成本、定價、入貨數量、折扣等等。總之，我唔會計數，唔識數字，但凡關於數字的，都是佢做。常左計右計，甚麼都計。還有還有，佢經常幫我留意有冇漏掉客人回覆，以免少了生意，以免得失客人。

網店的成就不獨歸我

這就成就了這網店，表面上好像我獨自成立、營運了這店。其實如果沒有佢，甚麼都沒有。家姐不只成就了網店，她其實是成就了我！我找到、遇到這樣趣味相投、無條件幫助我的人，希望你都是，希望你也是幸運的NMO患者，或者未必是你家人，可能是你的朋友，或者是一些不知為何出現在身邊扶你一把的天使，好好珍惜。

珍惜幫過你的人，亦享受比人幫的幸福，因為他們不是出於同情，更多是出自真心的同行，在這現實世界，能夠碰上一兩個仍有真心想成就你的人，你幸福過中六合彩！感恩！

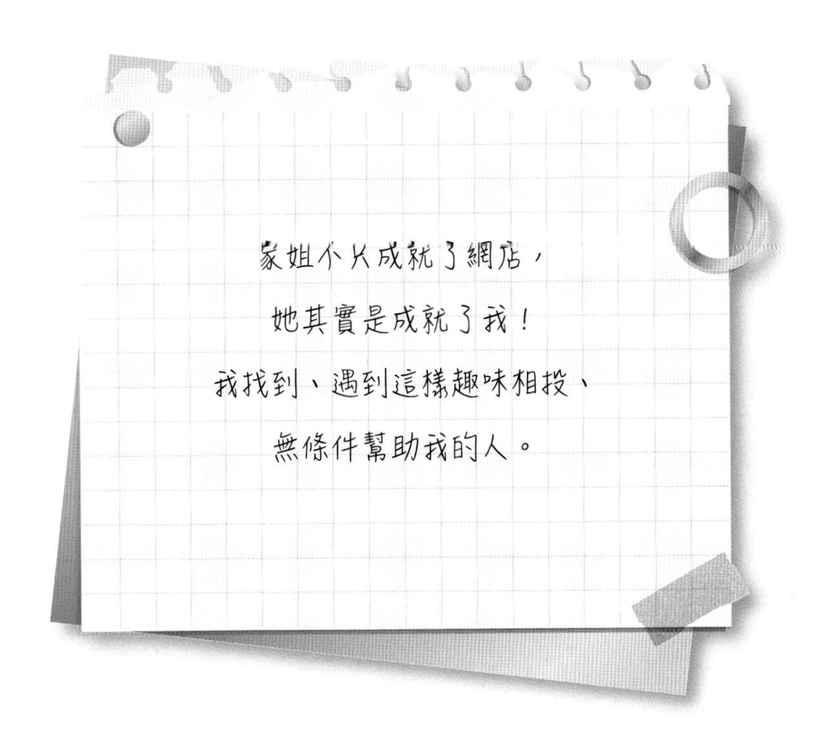

第三章：病在你身，痛在我心——照顧者的心底話

累了，就歇一會！

仍可活出自己的一片天

陪伴是一份禮物

陳雅文臨床心理學家跟照顧者的話

困境中最好的禮物

面對命運的低谷，一切都無法掌握，什麼都做不到。病醫不好、症狀煎熬、人走了無法挽留、做錯決定難以回頭。面對身邊正經歷困難和低潮的人，我們無法改變現實、無法令對方身體舒服一點，我們可以控制的事實在太少。很多時，就算只是想對方心情好起來，也無能為力。這是我們作為人的限制。

幸好，有一件事我們總可以做、可以控制、可以學習做得好、有時是唯一可以做，或者最少可以做到的，就是陪伴。我喜歡英文的表達，陪伴就是「Be present」，即是全心全意的在這裏。我們的存在，就是最好的禮物，因為「Present」也有禮物的意思。

不帶期望的陪伴

陪伴，看似容易，也可以很難。容易，是因為什麼都不用做，只是全心全意的陪在身邊。困難，也是因為沒有事要做、沒有事可以做、什麼都不用做，反而讓人焦慮不安。

陪伴的最大敵人，是想做一點什麼、想對方有改變、希望有用的心態。而當現實與期望不符，就感到沮喪、生氣、勞氣、失敗、失望。「怎麼你還是愁眉苦面？」「我好冇用，幫唔到你」「究竟我應該做什麼？」「究竟你想我點？」當這些想法跑出來或說出來，大家都難過。明明對方都好錫我，相處起來總是難過。

陪伴之先是放下

陪伴，就是陪伴。不多、不少。陪伴有一個信念，就是陪伴本身已經是最難得、最好、最有用的禮物，縱使這一刻、下一刻仍然看不到效果。陪伴的時候，放下所有期望，放下所有想為對方做點什麼的衝動，就算只是靜靜坐在那裏不說話，也可以。如果看見對方有什麼需要是你可以滿足的（例如端水、抹身），你才去回應，然後繼續放下所有「我做了這件事情他應該要開心或感激我」的期望。即是說，無論對方心情差了、好了、沒反應、辛苦了、舒服了，都可以。對方不用因為我們的陪伴而有壓力。陪伴是給予對方空間做自己。陪伴是讓對方知道，無論你發生什麼事，我都在這裏。我在這裏陪着，be present。不多，也不少。

你陪伴的不只是他，還有自己

對自己，也放低「我要做得好」、「我做得不好」的期望。

陪伴，要練習、是修行。

願意嘗試的心，是真心，也最重要。

既陪伴身邊的人，也陪伴自己這顆努力付出的真心。

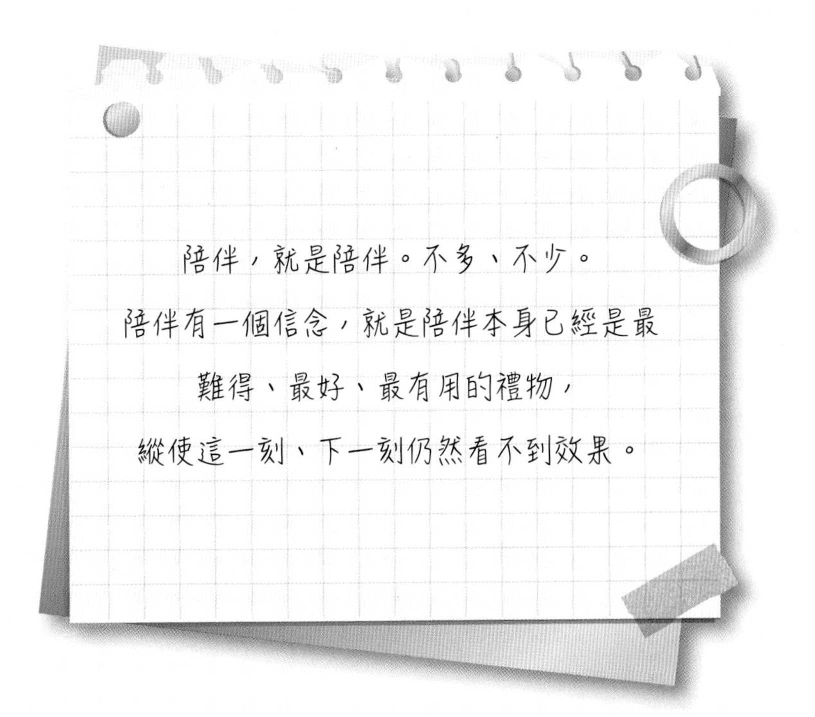

”同月同日生的緣份

Connie

▲ Connie（左）和妹妹（右）

我妹妹 Peggy 患病已有十年，但早幾年才確診 NMO，多年來已復發多次，由行動自如，逐漸變成需倚靠枴杖、步行架、輪椅代步，至現在雙腳已不能走路，長期臥床，不能自行大小便，日常生活都需要家人照顧。

人生考驗不等我 Ready

Peggy 初期發病時，我們以為只是偶發性脊髓炎，經高劑量類固醇治療後，總算大致康復，大家都鬆一口氣。但其後幾年間再多次復發，一次比一次嚴重，並確診為 NMO，一種罕見病，當時感到不少衝擊，未有時間消化便要面對一大堆問題，藥物治療、洗血治療、因行動不便而需要搬家、添置醫療用品、學習日常照顧及扶抱技巧等，問題排山倒海而來。加上當時工作不太愉快，放工累慘了還要趕去醫院，假期探病之外，亦要和地產經紀四出睇樓，安排搬家事宜，現在回想起來也不知道當時自己是怎麼捱過的。慶幸還有媽媽、弟弟及 Peggy 男朋友的支援，否則一個人一定處理不來。

照顧者的名字是「愧疚」？

自 Peggy 患病以來，日常生活大部分都是由我來照顧，坦白說我並不是專業護理人員，很多照顧上的技巧及知識，我都並不熟識。早期曾試過協助 Peggy 上落輪椅時，不慎令她跌倒，既擔心又愧疚。後來，累積經驗加上醫療器材輔助，現在算是勉強能應付。

作為照顧者壓力真的很大，每天工作八小時後，還要趕回家擔當照顧者，沒有了私人時間，有時連想去購買日用品的時間也沒有。剪髮、和朋友飯聚、睇戲等活動，更需要和家人協調時間才可去，即使協調成功，外出時自己亦會心掛掛，擔心 Peggy 會有什麼需要？其他人照顧 Peggy 有困難嗎？媽媽幫忙照顧會否太辛苦？這些問題無形中形成一種壓力，令外出也有愧疚感，相信只有同路人才能明白箇中感受。

床邊的另類寫意

因 NMO 令 Peggy 雙腿經常疼痛麻痺及不受控抽搐

震動，所以在家我大部份時間都會坐在 Peggy 床邊，替她按摩雙腿，舒緩痛楚。正因為如此，我和 Peggy 有很多時間都會在一起，聊貓咪小虎的趣事、聊家庭工作上的鎖事、聊日劇、更多的是聊 Peggy 病後經營的網店之大小事，這算是苦中一點樂趣吧，因著 NMO，我和 Peggy 的感情算是增進了不少吧。

強人是我妹，能頂天立地！

這幾年經常聽到大家讚賞我這個家姐：

「家姐很叻、很會照顧妹妹」

「家姐很偉大呀、犧牲很多」

「家姐很辛苦呀」

其實每次聽到這些說話，我都會說**「我妹比我更辛苦更叻」**。真的，每天承受病痛折磨，還能盡自己僅有的力量去照顧家人、領養流浪貓、開網店，實在不容易。而我沒有辦法替 Peggy 承擔病痛，只能盡自己能力去做可做的事，畢竟，有能力照顧別人是一件幸福的事。而且我和 Peggy 相差兩年，但我倆剛好是同月同日生日，我覺得這真的是一種緣份，一種不可分割的關係，所以，我一定要把 Peggy 照顧好！

活出你的一片天

作為一名照顧者，我每天也還在學習，所以不敢說什麼鼓勵大家的說話。只希望和各位同路人一同努力，累了便休息，休息過後繼續前行。無論病者或照顧者，都要相信自己，不要輕看自己的力量，嘗試活出自己的一片天地。

最後，多謝大家花時間閱讀我的故事，祝各位同路人身心健康，生活愉快。

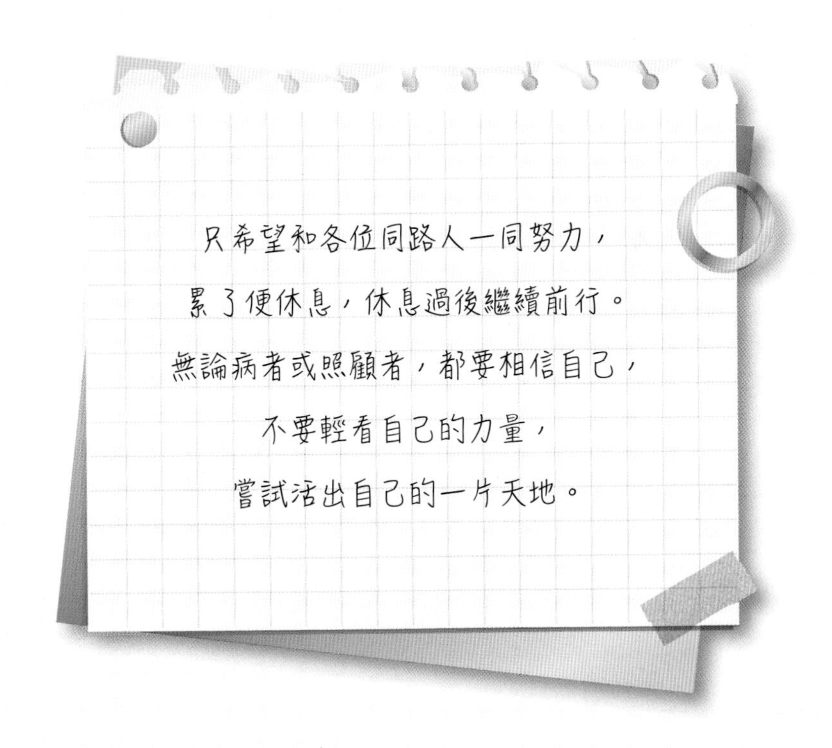

小孩眼中的 NMO

Jessica

當年媽媽 NMO 病發，我才十歲，媽媽被送去醫院，家裏靜得很，爸爸不斷為媽媽的病奔波，我很怕回到家，雖然外婆會看着我，但那份孤寂是無形的，在一個又一個難過的夜晚，亦嘗試過蓋著被子流眼淚，我討厭這個病。記得我當時讀小四，沒有人幫我溫習，我嘗試用手機或錄音筆錄下要默寫的課文內容，然後自己再複習一下範圍。至於小測或考試，我會將要考的內容先複習一遍，然後再複習作業和補充。

媽痛，我心也痛！

在我中三那年，媽媽又再一次 NMO 復發，一次去醫院探病時，我看到媽媽被血沾染的白床單，我震驚了，鄰床的一個患紅斑狼瘡的姐姐跟媽說：**「剛才我好怕，你抽骨髓抽得好痛呢，我怕到瑟縮一角。」**雖然我記得媽是一個非常堅強的人，但此刻，那個疼得不得了抽骨髓的畫面在我腦海浮現，而我卻健康的坐在課室聽課，我哽咽了！眼淚隨之落下，但卻裝作堅強，我好想有個健康的媽媽，但媽媽患 NMO 已是事實，而那時候媽跟我說：**「不要怕，因有神，我們有盼望。」**

我想這是對的！雖然這個突如其來的病好像帶走了我暫時建立的一切，可能我會不習慣，可能我會不開心，但正正媽媽是充滿著盼望，籍著這些經歷我可以去經歷和體會更多，懂得珍惜，以下是我學會接受的歷程、體會與想法。

跟有 NMO 媽媽的子女互勉

一，嘗試反問自己「繼續一蹶不振」還是「積極面對」，有時候會覺得負面情緒好像一個會侵蝕生命的毒瘤，繼續不開心會有助改變甚麼嗎？答案是不會，因此一直討厭這個病不會改變什麼處境，倒不如積極面對，但說到積極面對，可以如何呢？改變心態！

二，本著「會過去」的心態，例如：假設你在過去好幾年前發生過一件很傷痛、不開心的事情，我想請問你還會不開心嗎？你還會揪心嗎？我想你應該沒那麼在意，沒那麼傷心了，甚至已經忘了那份不開心，會想唉為什麼我當時這麼不能接受；這時候，你也去想想在五年後，我會怎樣，要這樣揪着一顆不接受沉浸在難過的旋渦裡嗎？

三，本著「聽日一定會好天」的心態，當時一開始知道媽媽的病時，我心情像陰天，而奇怪的是一個小時候看過的政府宣傳廣告（「聽日一定會好天嘅」廣告）和一句諺語「After the rain comes sunshine」那時候在腦中迴響，而我深信希望在明天，而上天掌管明天，雨天後必迎來彩虹或晴天，事情必定有好轉的一天，一切會好起來的。

四，嘗試找身邊的人傾訴，我也嘗試過那種感覺，總覺得冷清、寂寞，你可以向你的朋友家人傾訴，或許可以向上天訴說你的煩惱，他們會明白你的心情，會在你身邊扶持着你，陪你走過這段路程，為你解憂分擔。

五，嘗試學會放下，放下不快會讓你嘗試接受，而我當時是通過信仰上的交託，會每天祈禱，好像和神講電話一樣，為媽媽的病祈禱，為排解心情煩憂禱告，非常有效。我全然交託給神去帶領，讓神保守我心，而神就給了我一份長久的平安，而那種藏在心裏的不快，一點一點慢慢的被療癒消退。而沒信仰的，你可以嘗試找一些感興趣的事去排解不快，建議你可以找一些感興趣的事做做，分散自己的注意力，例如：做運動，因為通過運動可以分泌安多酚令心情愉快。

今天的我已茁壯成長

雖然當年感徬徨，但相信辦法總比困難多，沒有過不去的難關！

小孩眼中的 NMO 確實恐怖，當年的小孩現已長大，無論身體和心靈我都比小時茁壯，經歷疾病對我們的熬練後，我學懂珍惜、勇敢、希望⋯⋯

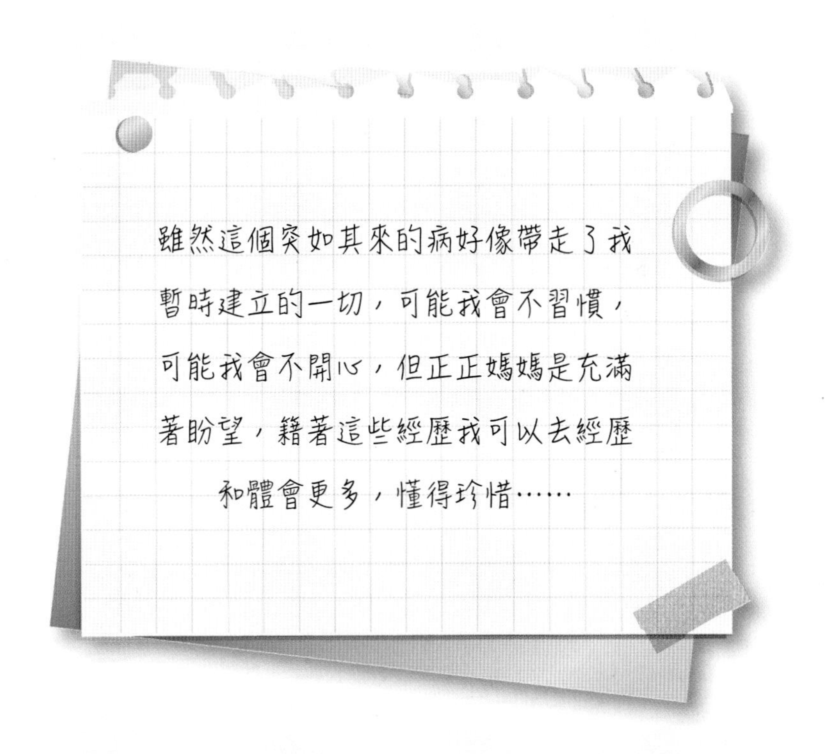

"
一個消防員的鐵漢柔情

Billy

輾轉多次求診的疲累

2019 年 10 月，太太有一天感到不適，情況有點像感冒症狀，頭痛和全身感覺不舒服。起初她先到中醫求診，沒有改善就看西醫。初時醫生只說她感冒，但一星期還沒有改善，而且她的左眼開始有點不妥，亦開始矇，所以又到附近政府診所求醫，再轉介到政府眼科醫院排期，等待期間我們又看私家眼科，他不認為是視神經線發炎這麼簡單，因此又轉介到私家腦外科醫生，驗血報告測出她有少量 NMO 抗體，立即注射三天高劑量類固醇，身體逐漸有所改善，出院後繼續服用類固醇。另方面政府眼科醫院發現她視神經線附近有一良性腫瘤，建議作電療，於是太太又作了 20 多次電療。

本以為已處理好病情，怎知 2020 年 8 月，太太的身體又再轉差，今次除了左眼視力矇之外，她覺得非常累，甚至有時候好似神智不清，最初我們都以為是電療的不良反應，多次求診都找不到原因，一直沒有好轉。幸好我表弟介紹一位出名的腦外科醫生，他立即為太太做一連串檢查，最後得知道是 NMO 復發。太太立即接受高劑量類固醇，留醫約一個月，就轉去政府醫院留醫並注射免疫抑制劑，出院後開始慢慢好轉，但左眼視力因神經線受損仍是較差，直至現在，太太一直要定期覆診及服藥。

見慣火場又如何，NMO 令我不知所措

當太太病得最嚴重時，我的感受只可說：不知所措！因為 NMO 這個病非常罕見，在求診過程中，有好多醫生都不能清楚解釋，就算自己上網搜尋都只能找到外國或臺灣的有限資料，當時真的感到很無助，但最感恩是遇到馮醫生，他在好短時間內便斷定太太患 NMO，可以正確地用藥，慢慢見到太太一日比一日好轉，我真是感到莫大的恩惠。

談到最痛苦的，當然是「心靈」上的痛苦，身為消防員的我，體能上去照顧家庭我還能應付，但在心靈上，最怕是失去身邊的至愛，又怕太太的病情會影響兩位小朋友的成長。在太太發病留院期間，便是女兒升讀小一的時候，好多學校事情需要我們家長跟進，幸好的是我媽媽也

很本事，能幫手照顧我一對仔女，可以減輕我的壓力，真是好感謝她。當然我也是盡我最大能力去照顧

太太，另一方面我經常跟太太說：**「一對子女方面你可以放心，他們很乖，而且嫲嫲好幫得手，你不用擔心！」**希望這樣可以使她能夠在醫院安心治病。

情深說話要立即說

NMO 令我最大的體會，就是太太對我的重要性，不要取笑我說得肉麻，原來我真是真是好愛我太太，哈哈！而且一對仔女都好愛錫媽媽，NMO 某程度上拉近了我們一家人的關係，使我們更加互相關心及了解，拉近了我們的愛。我最大願望莫過於太太及家人身體健康，真希望 NMO 這個病可以有藥物根治，免得再有復發的機會。

我好想跟太太說：「我很愛你，我會盡我一切能力去照顧你的！」

亦想對同路人說：「大家一定要加油，不要放棄，明天一定會更好的。」

最後想跟阿 Chris 說：「好多謝妳，首先你設立了一

個有關 NMO 資訊的本地網站及 Facebook 群組，之後更用心地成立 NMOHK 協會，使大家可以對 NMO 有更深了解，而且 NMO 的同路人及照顧者可以藉此互相關心和鼓勵，一起走過這段日子。」

不幸事一浪接一浪

Stanley

我是 Stanley，我是病人哥哥，患病的是我弟弟。

細佬患了超級罕見病

在一個平平無奇的日子，細佬本想到家附近跑步，怎知在途中，突然覺得其中一隻眼眼矇，因此立即入急症室求醫，其間出入醫院多次，亦出現過嚴重頭痛，一隻眼好痛並幾乎失去視力，輾轉最後才診斷有腦膜炎及視神經發炎。醫生為他注射類固醇及免疫球蛋白，當時病情是有好轉。

原本以為可以告一段落康復出院，可是迎來了兩個噩耗，第一是細佬被確診患上一種超級罕有病，是一種類似 NMOSD 的病；第二是細佬遇到感情的挫折。幸好最後細佬逐漸走出低谷，他的身體亦逐漸有好轉，視力亦逐漸回復至八九成，除了因用高劑量類固醇而引致一些副作用外，其他方面基本上可回復正常，可以說是與正常人無異。不過他心理的缺口仍需要時間療治，這時的他大部分時間仍然沉默寡言。

2020 年媽又患病

在 2020 年中，媽媽因為大便有血而去做檢查，最後發現患上末期腸癌，並已擴散致肝臟，我到現在還記得那天收到消息時的情景，那天我考完試就收到細佬的電話，電話另一邊他邊哭邊說：**「醫生說媽有 Cancer，而且擴散了！」**當天我們幾兄弟就立刻回到家中，大家聚在一起。細佬其實好孝順，原本他封閉的心亦因為媽媽的病打開了，這一年我們幾兄弟為媽媽的病大家同心協力，那時媽媽的治療好有效，病情亦好穩定。

2021 年兩個壞消息

很幸運地，化療、鏢靶及手術治療都順利完成，全部治療都似乎好成功，大約在三月時，醫生說治療可以暫告一段落，只係 Keep 住檢查追蹤就可以。我們都為此好感恩，原本以為所有事情都可暫告一段落，但是又一次到年中的時候，不幸的事情一次又一次的臨到我們這個家庭。細佬在 6 月的一個晚上突然出現腦癇，醫生說是之前腦膜炎的後遺症，要食抗癲癇藥。但不足一個月，在7月細佬第一次NMOSD復發！這次病發與第一次相似，也是腦膜炎及視神經發炎，但他這次沒有像上次復原得這麼好，左眼視力只回復得一成，而醫生亦為他轉用一隻新藥。而在8月尾時，媽媽在檢查時發現癌症又復發了，肝臟重新長出腫瘤，並且今次還轉移到腹腔了。

2022年將是如何的一年？

現在媽媽仍然在治療中，病情尚算穩定；細佬情況亦很穩定。回想這幾年真的好似坐過山車一樣，經歷了很多難關，每次難關都有感恩的事，但難關卻一個又一個出現，令我感到十分難過。我本身不是一個樂觀的人，這幾年發生的事對我、我細佬、我的家庭打擊都十分大，亦承受巨大壓力。我總是不明白，為何不幸的事總是接踵而來，沒完沒了，究竟幾時才可以完結？而且幾個難關是在同一時間來臨，我不明白上帝為何要這樣對我們。雖然有病的不是我，但我面對家人因病受苦，我感到十分難受十分痛苦。細佬一方面要面對自己病情，一方面我們都隱瞞細佬的病情不讓父母知道，以免令他們擔心，影響媽媽的病情。

我只是「頂硬上」

其實在 2020 年 7 月發現媽媽患上腸癌時，當時和我拍了拖 4 年的女朋友亦與我分手，其後我心情都比較憂鬱，現在回想自己如何捱得過，其實我這幾年都是「頂硬上」。其中一個幫助我渡過難關的方法，就是做戶外運動例如行山跑步，我尤其喜愛有陽光的天氣，我好享受曬太陽的時刻，我覺得陽光好溫暖，而且令我心情會變好。

這幾年所經歷的，讓我明白家人的重要，珍惜好多原本忽略的東西。原本我與細佬關係不好，但經過這幾年經歷，我與家人尤其細佬的關係變好了，我對家人的態度變好了，我亦時刻提醒自己要珍惜眼前人，活在當下，要感恩自己現在還擁有的東西。希望未來我和家人都可以身體健康，事事順利，平凡是福。

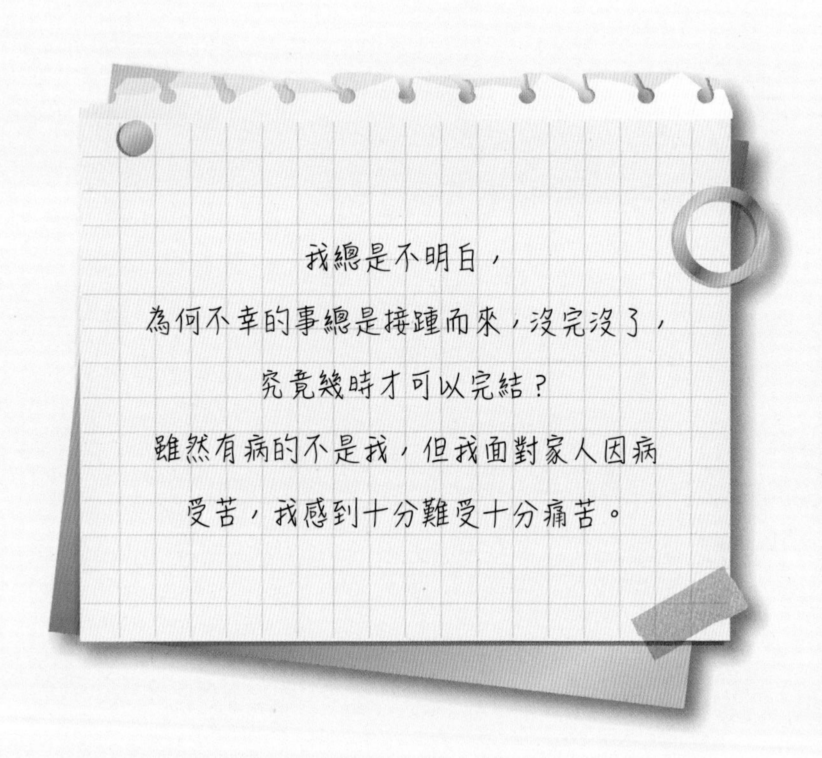
我總是不明白，
為何不幸的事總是接踵而來，沒完沒了，
究竟幾時才可以完結？
雖然有病的不是我，但我面對家人因病
受苦，我感到十分難受十分痛苦。

哥哥走過不易的 2021 年

Cat

我是 Cat，我哥哥是 NMO 病友。

不停打嗝、暈和嘔……

2020 年年尾，哥哥突然出現不停打嗝、暈和嘔，小便失禁，當時醫生找不到原因。2021 年農曆年前曾經有短暫好轉，但新年後又再次發病，今次入院醫生診斷為 NMO。經過大半年治療，近期在藥物控制下情況比病發初期大為改善，雖然仍然會頭暈，比較容易攰，但已比病發時好好多。

當初哥哥告訴我醫生確診他患 NMO 時，我和他對此病都一無所知。慶幸的是我在 Facebook 找到一個香港有關 NMO 的網頁，有醫生、病友及親屬的分享，使我們對 NMO 有更深入了解。哥哥在 NMO 網頁了解多了，知道好多病友都努力地面對自己病情，他開始由初時比較消極變得積極面對。

人生挑戰不只 NMO

哥哥發病這一年，除了要對付個病，還要面對好多人生挑戰，我並不是主要照顧者，我只是每日跟他 WhatsApp 傾計，閒話家常，在他有需要的時候幫他處理鎖碎事。我知道他頭暈的時候其實好辛苦，但相信家人支持鼓勵是十分重要，所以我仍然會每天跟他保持傾閒計的習慣。

好感恩在哥哥患病期間得到好多不同人的幫助，他們好多都是本來不相識，包括當中認識的一位 NMO 病人親屬，他令哥哥感到人間有愛，亦令哥哥知道原來香港仍有好多同路人存在，他不是孤身作戰，對哥哥來說是好大的支持。

真心地說……

我想借這個機會，真心跟哥哥說：

「我知道你現在的生活確實不容易，為了自己，為了你愛的人和愛你的人，要加油，勿放棄！」

病友們，多謝你們勇敢分享自己的經歷，令大家互相鼓勵互相扶持地對抗疾病，期待大家日後康復可以一齊出去飲茶。

祝願各位病友能在愛與關懷的環境中早日康復！

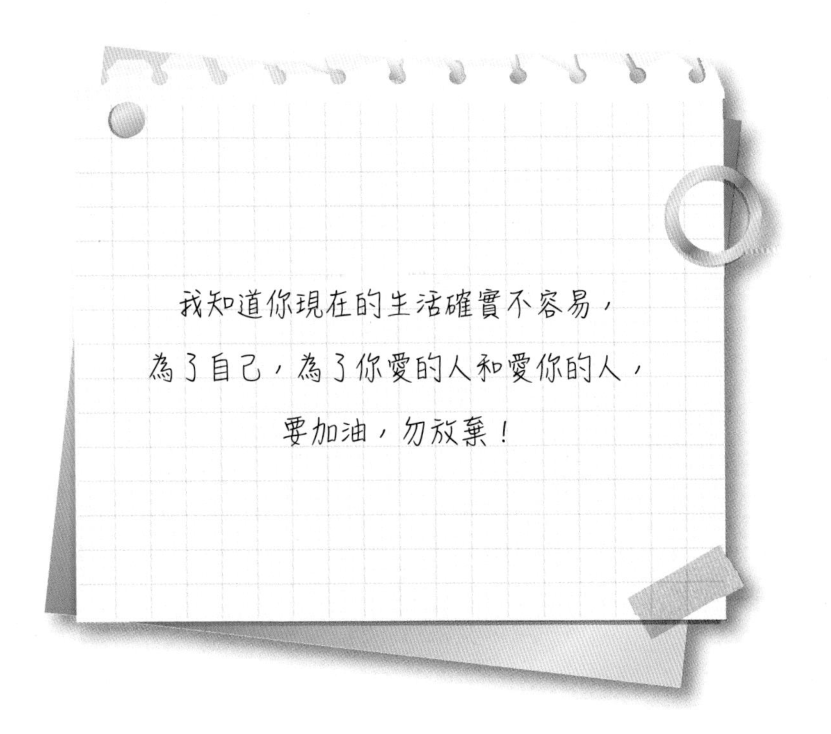

無 NMO 比有 NMO 更須要勇氣

嘉華

真是美滿又幸福的生活？

2020 年 6 月，細女出世，兩兄妹剛好成一個好字；配合 14 星期的產假，太太可以有更多時間照顧女兒。由於預計家庭再添一位新成員，2020 年 2 月已由原來兩房單位搬去更大的三房單位，我們一家正過著旁人眼中美滿又幸福的生活。但正如電影橋段一樣，美好的一切快將面臨重大的變化……

為了讓太太及工人有更充份的休息，即使我要上班，我亦會半夜照顧初生女兒。不知道原因，太太在 2020 年 9 月開始覺得雙腳痳痺，初時以為太太是因為餵哺母乳及休息不足所致。直至痺感與日俱增，帶太太到私家醫院門診及中醫針灸治療，唯痺痛仍未消退，更惡化至半身不遂、發燒、不能小便……最後召喚救護車到聯合醫院急症室治療，漫長的 89 天住院之旅便正式展開。

3 歲兒子和 3 個月大初生女兒

我是一個十分理性的人，遇到問題時，我從來只考慮如何解決及處理，甚少會怨天尤人。作為家庭中的重要一員，處理一切家務我定必當仁不讓。數年前兒子出世那時，我已是太太的神隊友，無論餵奶、換片、沖涼、協助嬰兒睡覺等等，我也可一手包辦。現在照顧初生女兒，當然能勝任有餘。但當時只有 3 歲的兒子掛念母親之情，爸爸又豈能輕易取代！太太入院初時，兒子晚上沒有媽媽在旁，小兒年幼未能明白，哭過不停亦在所難免。常常問一些我不懂如何回答的問題：「點解媽媽會病？」、「媽媽幾時返黎？」、「我要媽媽……」。幸好嫲嫲能代為照顧哥哥，他可每天晚上在嫲嫲家中睡，以便我半夜照顧只有 3 個月大的妹妹。

正值第三波新冠肺炎疫情，醫院謝絕一切探訪，幸得主診醫生體諒，可以給我恩恤探訪。在每次一個多小時的探訪中，我充當護理員照顧太太，除基本的抹身、外帶食物，我還會按摩雙腿、拉筋，以至穴位按摩，期望太太能促進腿部血液循環，減少筋腱萎縮。入院首兩星期，為了令太太雙腿可盡快復原，我甚至混水摸魚，每日由原定一次的探訪，變成中午及晚上一日兩次探訪。直至護士發現我多次違規，禁止每日再次進入才停止。

每晚當幼女入睡，我便有時間上網瀏覽太太的病症、如何協助她復原、發病的成因等。夜闌人靜，定必去想為何太太會這樣？為何罕有病會發生在我們的家庭中？……但我知道問這些沒有答案的問題是沒有用的，對任何人也沒有好處，確確實實面對問題才是最重要的事情。如何照顧還躺在病床上的太太？照顧沒有媽媽在身旁的兒子種種情緒及心情，才是我最應該關注的事。

試盡任何康復方法

太太突然發病由正常至半身不遂，除西方醫學外，我仍會嘗試用不同的方式解釋及處理。通常人們最無助時，就會尋求不同宗教或信仰協助。我試過通勝查日腳醫邪病、找茅山法科師父飛符驅邪醫病、找道教黃大仙廟扶乩問事、基督教信仰向耶穌禱告等等。由於我沒有確定的宗教信仰，抱著一試無妨的心態，能做多少便多少。做這些事情即使沒有幫助，最多也只是浪費了時間、金錢及心機，因為最差的情況已發生。不知道是否得到滿天神佛的保佑，經過高劑量類固醇以及血漿置換後，太太的腳趾終於有感覺，可以極微小郁動！

以往有接觸中醫的我們，本想借助針灸治療，加速太太的神經收復，但礙於新冠疫情，原本有中西混合復康治療的醫院，現不准中醫入病房治療，在我們再三要求下，終可由物理治療師為太太作基本針灸。雖然針灸的穴位不及中醫多，但當然也聊勝於無。平日物理治療時會用的電療機，我也立即購買一部，給太太於物理治療時間之外使用，騰空時間給物理治療師安排更多合適的治療。每次探訪時我亦會因應她的進展及物理治療師的建議，安排一系列的復康運動。

身心靈的療治

除了身體上的協助外，當然要關顧太太心靈上的健康。試想想長期臥床、只能望電視而不能外出的感受是多麼的痛苦。我能做的只是每天張羅她喜歡而又不同款式的美食，讓她感受外界的情況；在她生日時送上一個蛋糕，在病床上簡單地合照一張；假日帶哥哥到不同的公園遊玩，拍下他成長的點滴給太太欣賞，以解相思之苦。讓太太每日都期待我的探訪以及我發給她的訊息，希望她能無憂地康復。

可能上天有所安排，第四波疫情突然來襲，以致醫院床位不足。太太雖仍要做大量復康治療，但亦要提早出院，碰巧原定出院當天我未能請假，我們安排太太提早了兩天出院。出院後翌日，太太日前的病房便爆發新冠疫情，大量醫護及病人被感染，太太慶幸逃過一劫，十分感恩太太能安全回家。

太太出院並不代表已康復，第二階段的長期作戰才正式開始。每星期兩天物理治療、一天下肢機械人物理治療、三天針灸以及一天按摩推拿，經過半年密集式每日的復康訓練下，太太由出院時使用四腳助行架、變成單枝四腳拐杖、再進步改用普通單枝拐杖、甚至現在已不需使用輔助工具步行。像我們的一歲女兒一樣學習蹲下、起跳、上落樓梯、甚至短暫急步行走。要堅持訓練並不是一件容易的事，往往帶來一些情緒或接受現實的挑戰，作為丈夫的我需要不斷的鼓勵與支持。而我亦化身成太太的私人護士、醫生、物理治療師、職業治療師、營養師、輔導員、教練等等的角色，支援太太的復康需要。

將一扇窗從新打做成另一道大門

醫生常說不能徹底根治 NMO，只能預防復發。但我確信如果身體能懂得製造讓自己生病的抗體，身體一定也能自我修復，讓自己不再病發，只是現在我們還未找到方法而已。自體免疫力病源於自己身體的免疫力失調，或者從中醫角度出發，整體調理身體，固本培元，再配合老生常談的多做運動、健康飲食、心情開朗等，定能戰勝頑疾！

人們常說：**「上天關了你一道門，必定留下一扇窗。」**但我會做的是，將這扇窗從新打做成另一道屬於自己的大門！我深信只要抱著不滿足於現況、堅持不懈、不放棄的精神，一定可以回復以往的正常生活，甚至比以往更好！

生老病死是人生必經階段，當然無人會知道何時會出現，何時會離開。到底我們要著眼於發生的原因，常常問自己為何會發生在我身上？或是活在當下，努力解決面前的問題，為未來作好預備？全取決於自己的心態。我常常引用一個半杯水的故事：一個玻璃杯，裡面有半杯水，悲觀的人會說：**「只剩下半杯水了。」**；而樂觀的人則會說：**「杯裏還有半杯水！」**。常說心態決定境界，但我更覺得心態決定命運！雖然積極樂觀的心態未必會改變已患 NMO 的事實，但是充滿正能量的想法一定可以感染身邊的人。

作為照顧者，無論如何辛苦，我都會選擇積極樂觀去面對及努力尋求更好的解決方法。如果連我們也放棄，試問那患病的親人會如何是好？

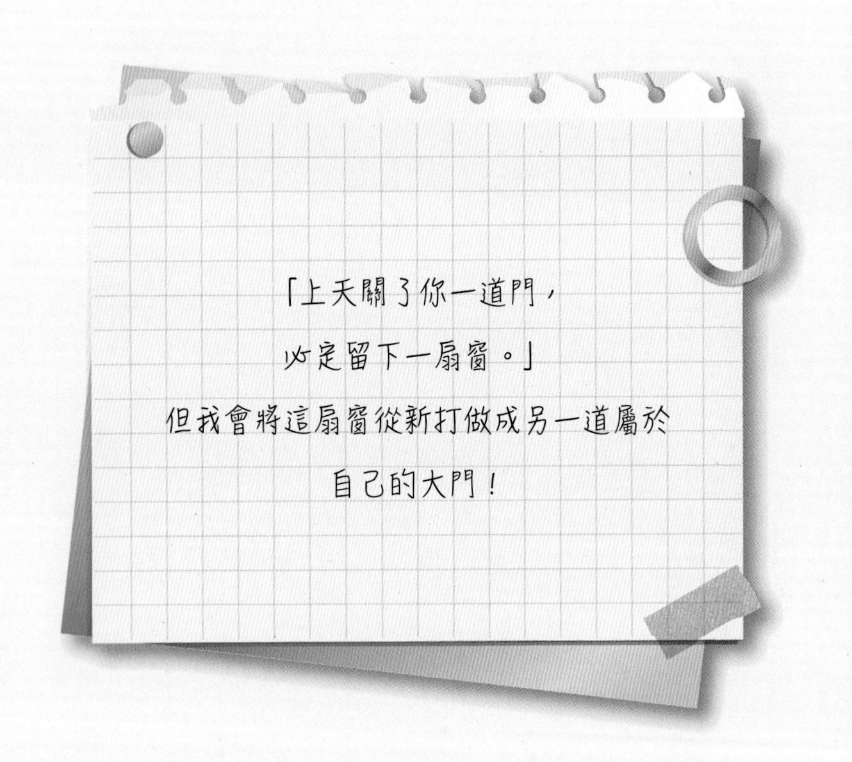
「上天關了你一道門，
必定留下一扇窗。」
但我會將這扇窗從新打做成另一道屬於
自己的大門！

”我已找到另一種幸福

Chris

婦女節中反思幸福

今天正好是婦女節，究竟女子何時才算是最幸福？雖然我未婚，但以往的我總因著媽媽對我的照顧，我深感幸福自豪。自從媽媽患 NMO 後，我似乎再不能享受她的照顧，反倒要學懂怎照顧她，但沒想到我竟然因照顧她而深感幸福，這是另一種幸福！

自 2015 年 11 月媽媽患上罕有病，就不能自由活動和如廁，走一步路都舉步維艱，去一個小便都是恩典。以往常常更新 Facebook 的我就開始好怕再上 Facebook，因為那裡滿載與媽媽昔日把臂共遊的片段，我們一起去元朗大棠觀紅葉，去環保農莊摘士多啤莉，上太平山頂漫步一圈，去維園看花展，去藍地食有米豬，去深井食燒鵝……。Facebook 上還記著媽媽以前弄的許多住家美食，有义燒菠蘿包、燒腩肉、肥义燒、豬大腸、家鄉手打魚蛋、自製果醬和梅酒……。現在媽媽好像已做不成、去不到，一想到此我就好心痛，為著這個大落差極其難過。媽媽一向活躍，喜歡旅行、攝影、烹飪……病後我真替她擔心，她未來的路怎去走？她怎樣去找回自己？又或者說，她怎樣發掘一個新的自己？

現在的我正是最幸福

在媽病後的日子，一天我在街上行走時，

突然心裡閃了一句提問：**「何時的我是最幸福？」**

奇特的是我竟然答自己：**「現在的我正正就是最幸福！」**

對著這不尋常的一問一答，心感愕然，在很多人眼中我現在不應是很痛苦的嗎？當下笑了，心裡都取笑自己的幽默。

以前媽未病前最開心都只是帶她到處去到處食，才醒悟雖然現在我們好多地方去不到，好多事做不成，但可以親密到幫她沖涼抹便，當她小孩般照顧呵護，逗她笑陪她哭，一家人在廁所圍著她為她成功如廁而鼓掌，看著她每天的微小進步，看著她學行路，看著她學穿衣，看著她如小朋友般的練寫字砌積木……這些一切已是最幸福滿足。以前我們輕易就去到好遠的地方，但現在彼此身體和心靈的距離又是前所未有的近。開始感受到父母見證小孩學行的第一步是怎樣的興奮，但我倒要告訴你，世上最興奮的事莫過於是失而復得。當媽開始不需我扶之下都能自己握拐杖跌跌碰碰步行幾步時，心裡充滿對神的讚嘆。相信我們第一次學懂行路都不會懂得感謝，但第二次學懂行路就領略到一切都是恩典，唯有曾經失去才知重獲的珍貴，一切都非必然。

媽變了！我都變了！

媽和我性格相近，都是剛烈易開火之人，我們素來都是火星撞地球。不知為何她病後變得溫柔了，而我對她就更有耐性。不知從何時開始，我習慣了每日打電話回家，問問她的情況，小便如何，大便多少，血壓怎樣……最搞笑是我開始當她是我小女兒似的，我竟然問她今天有冇乖？有冇曳曳（頑皮）？有冇做運動？？不聽話我就回家打她屁股仔。每早上班前攬攬她，當她小孩般摸著她心口仔，叮囑她要乖乖，比心機做運動，今晚下班見。回家後會因著她當天做運動的某些進步，我又走前去抱著她，跟她說：**「好叻叻，真的好抵錫（疼）呢！」**其實旁人看見都可能覺肉麻，但我只恨以前抱得她太少，現在心中只有一個字——甜！

以前的我習慣常常訂下目標，這一年我都有想做的事，才發現已由以「我」為中心，變了以「我們」為中心。上年閃過了一些奇想：一家人可以去日本看櫻花，一家人可以影全家福，一家人可以去西貢野餐，媽可以煮一頓飯給我吃，媽可以舉起雙手幫我拍張照……。上年我因媽的病錯過了一趟一早計劃好的 3 星期北歐俄羅斯之旅，但竟然我沒有因旅行告吹和不能退款而後悔，因我清楚當時什麼對我是最重要，反而我慶幸我沒有錯過與媽共渡艱難時刻的機會。一生中任何好地方我都可以錯過，但別要錯過與至親一齊渡過他的重要時刻。

471 天的感恩冊

今年我學曉了好多東西，從不懂怎樣照顧自己的人要臨急臨忙去學照顧人。幸好上主賜給我一個好細心又有照顧恩賜的妹妹，她做的比我更多更好。我們各不相同，互補不足，當然亦有互相頂撞火光四閃之時。2017 年初我拿了與媽病後拍的照片去做了個坐檯月曆放在公司，每天見到媽媽的照片好醒神，又拿照片做了利是封，知道大家仍可以一齊拍照實屬難得，這些事我以往都沒有想過做過。以往我每年生日，媽都會在給我的利是封上寫上祝福語，但媽因右手在早前住院時無故受創，一度寫字和用筷子都有困難，所以當媽媽現在可親自夾飯菜給我時，我都覺得好幸福。尤其是我剛過去的生日，媽用曾受傷的右手為我寫的祝福語，每字都顯得極重，雖然我每年都有，但今年的意義完全不同，每字寫得不輕易，是媽媽用心用力為我寫的，是媽媽的祝福，是媽媽的愛，我視之為珍貴，定要一生好好收藏。這年養成了一個習慣，每天寫下為媽感謝神的事，今天是發病後的第 471 天，我仍寫著，要見證神在媽身上的恩典，因為我知將來有一天我定會拿出來再讀再細嘗。

我不會天真地去美化這段照顧媽的日子，當中確是疲憊辛勞，馬不停蹄，難題一浪接一浪，不是真的好舒服享受。但這一切都是值得，因我們與媽共渡了最好的時光，見證最親密的片段。感謝主，讓我有此福氣去照顧媽，去經歷她的開步我的放手，亦感謝主開了我眼睛，讓我看到這個幸福的我。真的，莫以為我好慘，其實現在的我——已找到另一種幸福。

(寫於 2017 年 3 月 8 日)

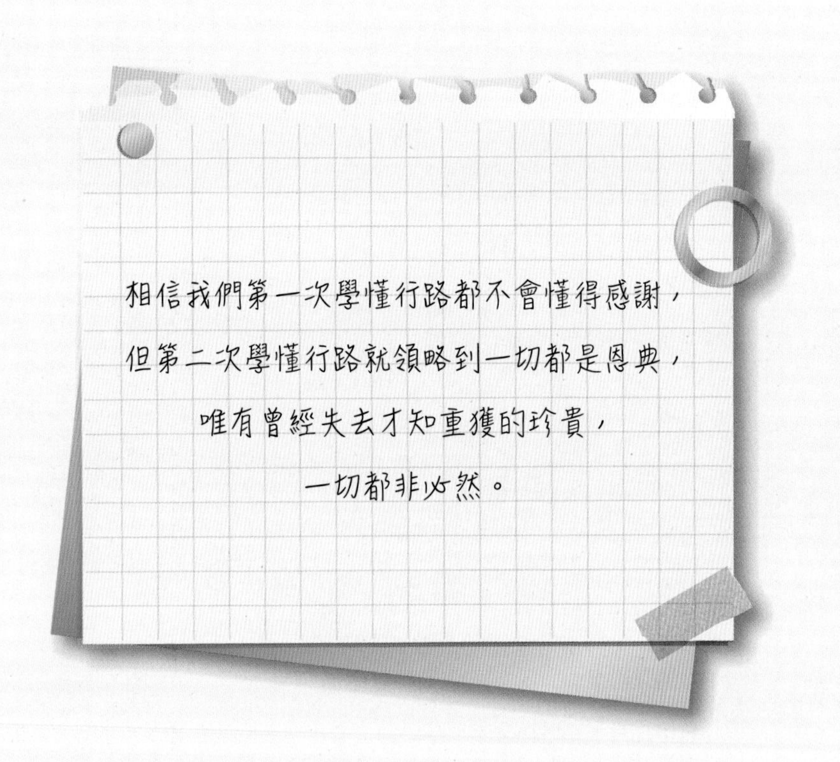
相信我們第一次學懂行路都不會懂得感謝，
但第二次學懂行路就領略到一切都是恩典，
唯有曾經失去才知重獲的珍貴，
一切都非必然。

照顧新手男

Joe

男性、新手、照顧者。

——就是我這年的名字

跟同路人想說的話，訴說藏心中的感受。

莫說男人天生不懂照顧人，我當初都以為是。

已全職照顧 NMO 太太一年的我，

原來我真是不懂的，但又有誰天生是懂的？

懂不懂？不是重點；肯不肯？才是關鍵！

Joe——原本是公司老闆，一年前全職照顧 NMO 太太。搖身一變為照顧新手男，當中遊走於苦與甜、悲與喜、失與得、絕望與希望之間……

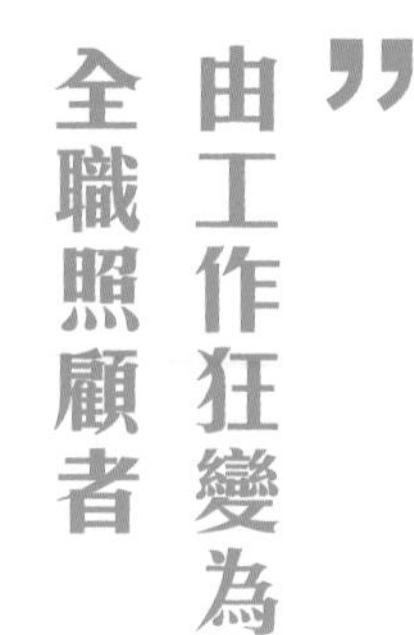

30 年前的似曾相識

首先自我介紹：我姓蘇（可以稱呼我 Joseph or Joe or 蘇忠），成立了一間公司已 10 多年了，專門做數據處理，有一個 19 歲的兒子。我太太不大喜歡上社交網站，大家可稱呼她為「蘇太」，她是一個性格開朗，經常做運動的女士，但做事非常嚴謹，旁人必須遵從她的意思，否則她會感憤怒。由於她過往多年要全力照顧她全身癱瘓的媽媽（約 30 年前同樣患了罕有病，不知是否與 NMO 有關，當時醫生還沒有這方面的知識），所以蘇太一直沒有工作。

一年前的端午節

回想起 2020 年 4 月第一次 NMO 病發，太太照完頸椎 MRI 後，沒有發現不妥的地方，經由骨科轉介到神經科專科（就是現在的主診醫生），最後建議到法國醫院再照多次 MRI，這次結果就大件事了！由頸椎開始以下發現多處發炎，醫生說要立即用大劑量類固醇，不能再等，否則會影響呼吸系統，到時就要入 ICU 插喉，當時我還未了解這是一個什麼病，醫生叫我回家後上網搜尋 MS（多發性硬化症）病類資料，他也把血液寄去美國做抗體測試。

回家後一看，心知不妙，原來這病是非常嚴重的，是會引致癱瘓。原本我和太太只以為照完 MRI，等出報告後便可出院，就算是發炎，還以為打一支針就可以消炎，原來事情不是我們所想的簡單。這一趟入院一住怎知就住了三個月，當時她四肢已不能動了，還清楚記得當天剛好是一年前的端午節（2020 年 6 月），一年後的今天我多了一個身份——NMO 病患照顧者，在此分享我作為照顧者的第一篇文章，真是百般滋味在心頭。

在醫院的 90 天裡，我每天由早上 8:00 至晚上 8:00 到醫院照顧她，沒有一天缺席，因為當時是疫情第三波開始，太太不想入公立醫院後家人不能探望，她在病情下必需要人照顧，公院這麼繁忙一定沒有人理她，所以唯有一直留在私院。我每天的照顧工作主要是服侍她餵食、做物理治療、梳洗，其他事如大小便，就有醫務人員及助理幫忙。

婚姻的約定

我太太非常樂觀，她相信自己一定可以重新站起來，所以每天醫生巡房時，她都帶着笑容地對著他，連醫生都對護士說：**「我從未見過一個病人四肢不能動都可以咁開心！」**可能我太太有個想法，既來之，則安之，既來了就只有接受。但我不肯定當我每天離開醫院後，她有否在床上哭？不過我絕不會在她面前表現到不開心，而且每天會鼓勵她，幫他做運動、按摩等等。這段時間的確很累，但我從沒怨言，亦沒告知太太，因為我覺得實在對不起她，因我以往是一個工作狂，所有家庭事務都是由我太太負責，所以現在我覺得只要我自己能力做到，怎樣辛苦都不怕，如沒有必要，就不需別人協助。我對太太說：**「我不會離棄妳，一直會照顧著妳，就算提早退休，我都願意接受，這就是我們的婚姻承諾。」**

你終於可以了……

康復過程雖慢，但總有感恩事。由於他四肢不能動，第一個月只能由物理治療師在床邊教他怎樣轉身、起床及做運動，直至有一天，治療師扶她落大班椅坐，當時我心裏真想大喊出來說：**「妳终於可以坐落嚟啦！妳终於可以**

了！」旁人或許以為我傻了，大家要知道那種興奮和喜悅是錢不能買的！那種失而復得的喜悅非旁人感受到。

又不知這是巧合或上天安排，由於疫情原因，公司的工作減少，亦得到同事及另一位 Partner 體諒，我可以每天在醫院照顧太太（間中等她休息時，用小小時間回公司處理事務），我常跟自己說必須撐住。見到她在物理治療中，一日一日進步，雖然每天帶着痺及劇痛，她都堅持努力地學習行路，到出院時，她已可以用四腳學行架行路（當然需要輪椅代步）。

出院才是艱辛的開始

終於等到出院那天，我們帶着既高興又擔心的心情回家，因為由當天開始，所有照顧事務就落在我這個照顧者身上了，事無大小都由我一個負責（包括：按時食藥、早午晚餐、上廁所、上落床、做運動、覆診……）由於剛回家，所有東西都要從新開始，雖然醫院都曾教過怎樣照顧她，但始終只有我自己一人做，仔仔忙於上堂及功課。回家後的第一個月真的很辛苦，亦令太太勞氣，而我更弄傷了手腕及腰，痛的時候都不敢跟她說，怕她怪責自己說連累我。幸好我是一個醒瞓和不怕骯髒的人，她的大小二便我都可以處理，特別是在夜半，我跟她說有需要隨時叫醒我。漸漸地我每天從學習中適應過來，現在已可按每天的既定時間表來照顧她。

我只是一個照顧新手男

最後，作為一個照顧者，遇到的困難真不少，照顧之事可以慢慢學習，但她的痹和嚴重神經痛有多辛苦，我們是沒法感受得到。當遇到一些新的身體變化時，都驚恐地揣測是否復發的先兆，由於資訊不多，上網搜尋只能找到中國及台灣的網站，直至找到 Chris 建立了香港 NMO 病人家屬 Facebook 群組及相關網站，得到同行者的經驗分享便放心些，對復發徵狀了解多一些。

雖然我是一個照顧新手，正在不斷學習，但都想跟大家分享。凡事多體諒，多傾談，多了解，多發問，多鼓勵，嘗試去明白一下病者心情。照顧者亦需要放鬆，先要照顧好自己。太太曾經對我說：**「你不可以倒下，你若倒下，我怎算？」**這句話我銘記於心。心裡暗暗想：**「她倒下，有我在，但若我倒下，有誰在？」**

一個照顧新手可以跟大家分享什麼？我相信比我經驗豐富的大有人在，在未來的分享中，我只想謙虛地跟大家同路的男照顧者，彼此結伴行這條路，真實地面對苦與樂、陰與晴，分嘗路上遇見的困難與掙扎，坦然去接受生命給我們的挑戰！

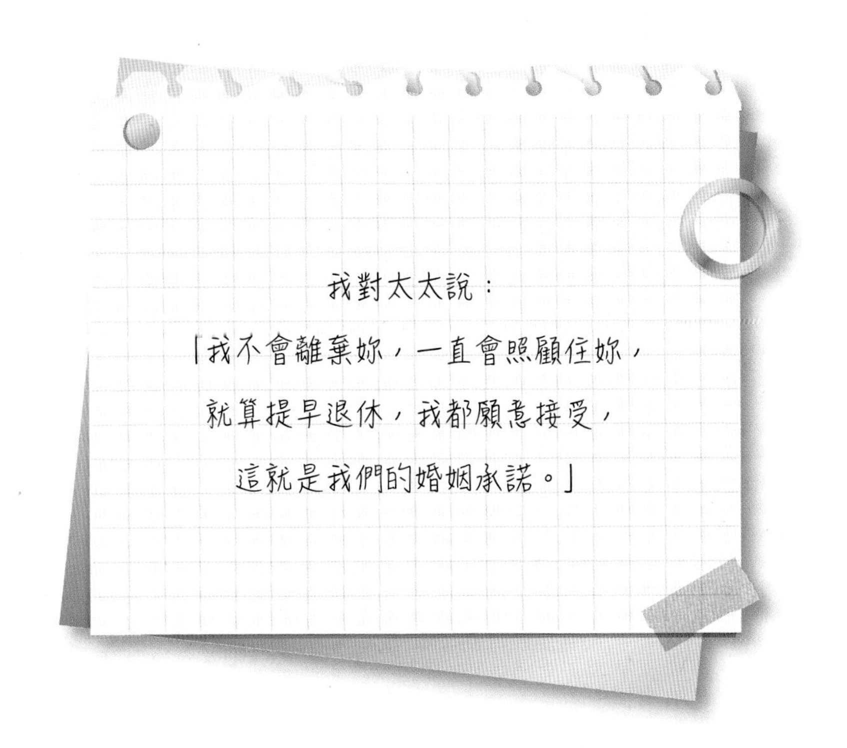

痛・痛・痛”

痛，不只得一種！

太太在確診 NMO 前幾個月有感覺胃部不適及不停地打嗝，更沒有胃口而消瘦不少，晚上睡覺需要坐在床上，那時她為了不想打擾我影響上班工作，更獨自一人搬到另一房間，當時看到她這樣辛苦，我心裏已經有點不安，老實說，我怎能睡得著呢？半夜不停起床看看她。經照胃鏡後發現胃部嚴重發炎，醫生便開了抗生素及胃藥給她，當初以為這樣就會痊癒。

後來，她開始感覺由頸部至腳有點痺痛及拉扯，經多個不同專科檢查後，最終確診為 NMO。「NMO」這三個英文字母，對我來說非常陌生，由完全不了解到現在有少許認識，但總猜不到已經病了一年，太太康復情況仍緩慢，到現在還未可以完全自理。

回想起太太病發前，每天做運動，關心朋友，幫助別人。發病後，短短幾天內，四肢不能活動，躺在床上，大小二便都有困難，需要插尿喉，這時我的心情真的很難受，但又不能在她面前表露出來，還要安慰她很快便會復原。有時會反問自己：一個健康的人，為什麼會無故患這種病？她已經歷過照顧癱瘓的母親二十多年，現在她自己彷彿走著她母親的舊路，躺在床上要人照顧，我心裡隱隱作痛，不禁問：**「上天對她公平嗎？」**

痛，並未令她止步！

當醫生跟她說為免日後復發，這一生都需要長期服用免疫抑制劑時，太太第一時間問醫生：**「咁我咪唔可以捐血？」**因為我們以往一聽到血庫唔夠血時，我們便一齊去捐血，我唯有回答她：**「這個任務交給我吧！」**她還問醫生，日後去世後，可否做「大體老師」？因她想讓醫科生對這個病有更多了解。她躺在床上四肢不能活動時，她還鼓勵床邊的癌症病者：你要努力，有決心克服痛楚，就像我一樣，由零開始一步步站起來，一定成功。

住院期間是仔仔 19 歲生日，每年我們三人都一齊慶祝，這次不可以了，她非常感慨，用語音寫了幾句話給仔仔，當時她激動地流著淚，我站在旁邊只有安慰她。當她做物理治療時，手腳時常劇烈痺痛，每次痛便要馬上停下來，否則很容易跌倒，所以她做物理治療比其他人用多一倍時間，我知道每次她停下來的時候是非常痛的，但她總是忍著痛楚，堅持下去。就像直望痛苦，大聲宣告說：

「你雖然厲害，但並未能令我止步！」

痛在她身，痛在我心，仍忍痛前行！

當見到太太在康復過程中，神經痛及痺痛令她痛苦難堪，痛到不能睡，痛到不能沖涼……試問旁人怎會明白？食多種不同的止痛藥都未能止痛，我深深感受到——痛在她身，痛在我心。雖然我沒有可能感受到她有多痛，但從她面部表情中，便知有多辛苦，但她仍然堅持下去。

她曾經跟我說過，叫上天放過她，不要再折磨她

我回答她說：**「上天自有安排，這個是一個考驗我們的好機會，給我們互相扶持和更深了解的時刻。不要放棄，只要有信心，必定會康復。事情既然發生了，就不要怨天尤人，要積極面對。」**

就當痛苦是「路人甲」

「痛」這個字，就像是 NMO 的朋友，常結伴而來，催不走，趕不去。它可以透過不同形式呈現，用不同方法去折磨人，亦包含不同層次……

但，我發現一個小小秘訣——就是只要痛的人不言棄，不低頭，昂首望天，不肯受它轄制，痛就不會成為我們的主子，它只會是我們生命中的過客，或是神出鬼沒的「路人甲」，它絕不是我們生命中的主角。

我相信所有照顧者的感受各有不同，但大家都有一個共同目的，就是當病患在痛苦中，也能感覺到有至親在旁支持，這段艱辛痛苦路是一起結伴行的。

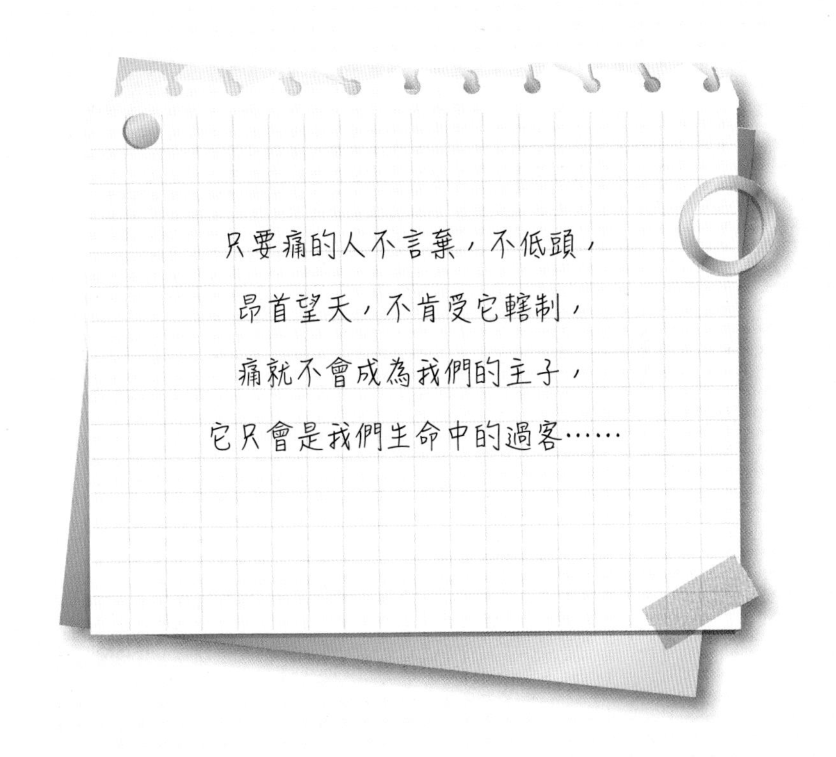

我天生都不懂換片抹便

太太患 NMO 已一年了，今次想跟大家分享一下我貼身照顧太太的經驗。

不是請勿跟貼，是要「跟得好貼」

出院時太太還需用輪椅及四腳架輔助，所以每次她在家行走時，必須要有足夠空間及需要別人攙扶，基本上除了她坐在廳中或睡在床上以外，我都要貼身照顧她，特別是在睡房及廁所，更要特別小心，不能讓她跌倒。初時以為這是一件很簡單的事情，但後來才發覺這樣之下，我完全沒有了自己的時間。每次當她要外出時，都需使用輪椅，由於她頸椎發炎，為免她坐在輪椅時間太長太辛苦，我每次都會預先到目的地視察環境，如怎樣上落？那裡有轆？那裡可以供輪椅者通行？避免當日帶著她時才去找路，浪費時間，所以每次帶著她出外時，過程都很順暢。

太太有時都會問：**「你點樣知道㗎？」**

我便答她其實我幾日前已經來探路，她便回應：**「至醒係你！」**

我天生都不懂換片抹便

剛出院回到家時，由於她可以站起來行路的時間不是太長，所以行得十分慢，為免來不及去廁所，所以會穿尿片，我需要每次擔當換片的工作，見別人做就簡單，到自己做時就有點束手無策，曾試過把尿片前後掉轉穿，亦試過穿得太高或太低，以致令大小便滲出，經過多番嘗試後，終於我進步神速，成了熟手技工，更換尿片時間也大為縮短了。由於太太的手部活動能力還未回復正常，加上背部神經痛非常厲害，所以她不能幫自己沖涼、抹面、刷牙、穿衣服及處理大小二便，吃飯也需要別人餵。還記得第一次幫她沖涼時，很多事情都要預先安排好及要小心處理，如：水溫調較、花灑接觸皮膚距離、毛巾的柔軟程度等等，經過多次嘗試後，現在已經掌握得好好，亦成功地令太太不當沖涼是件痛苦事，不增加她的痛楚。

幫她處理大小便都是一件困難的事情，我很明白要別人幫忙處理大小二便，總覺得有點不開心，希望她沒有這種感覺，我跟她說：**「我樂意為你效勞！」**由於這個病會影響排泄功能，太太好多時需要用浣腸劑輔助才可排便，還記得第一次用的時候，真不知是怎樣使用，搞到一頭煙。就連幫她穿衣、穿褲，都是小心翼翼，從頭學起。太太走過了一年的康復路，雖然康復過程有點緩慢，但現在已可以自己吃飯，不需用尿片（半夜我扶她上廁所），刷牙、抹面她已可以自己慢慢做，這些點滴對我來說已經是一個進步，得來不易。

上天一直考驗你說「我願意！」的決心

每件苦差要人做時，人總會問:**「這真是要我做的嗎？我能力做得到嗎？」**我覺得凡事必須要嘗試，總會有失敗，但屢敗屢戰，必定成功。

我相信每個病患都有同一個疑問：**「為什麼這個 NMO 病會發生我身上？」**沒有人可回答這個問題，你只需知道當病患由至親至愛的人去照顧、幫助及鼓勵時，他們的心就會多份安定和放心，有誰可比自己的伴侶 / 子女更親？既然我們無法感受到他們的痛和苦，為何不能為他們付出多少少？

原來當年在婚禮時講一聲**「我願意！」**，不是說了算，上天直到今天都在考驗我這一聲**「我願意！」**的決心。

「老婆，我願意為妳赴湯蹈火，難道就不願意為妳餵

食、沖涼、穿衣、換片、幫忙大小便……？」

各位同路的男照顧者，我好明白初次做這些事感覺未必好受，但只要放下身段，不要限定角色，其實可能未必是你不懂怎去做，只是你不肯讓自己試著去做。

老婆現在身邊最需要的，不是一個為她拋頭顱、灑熱血的硬漢，而是一個貼身、貼心又不怕厭惡工作的照顧者，或者你就是最好的人選！

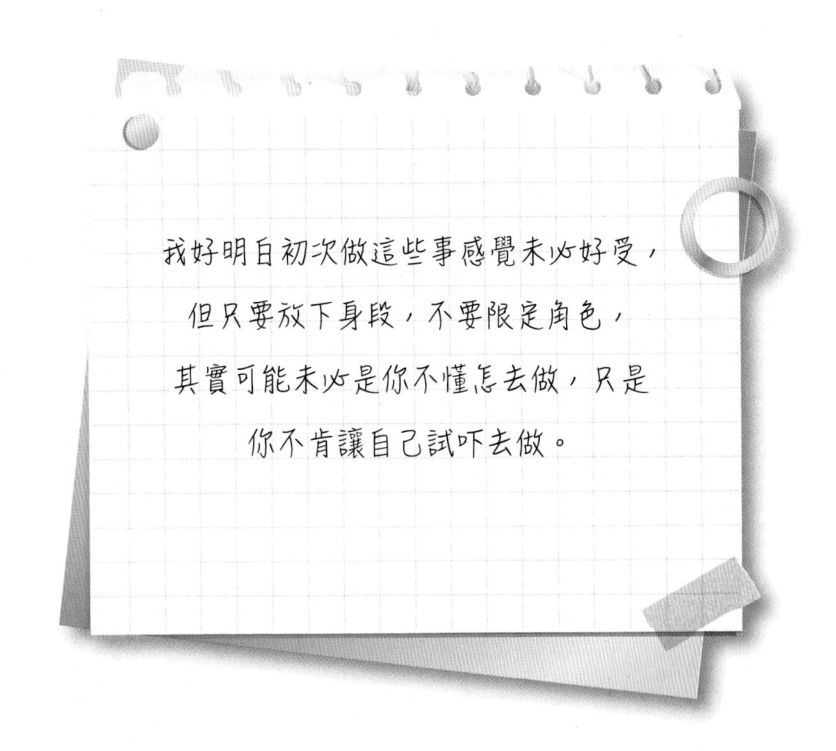

第四章：過來人信箱

香港首個由 NMO 過來人主理的信箱，歡迎跟我們談心事，我們好願意跟你分享一路走來的感受和領會。

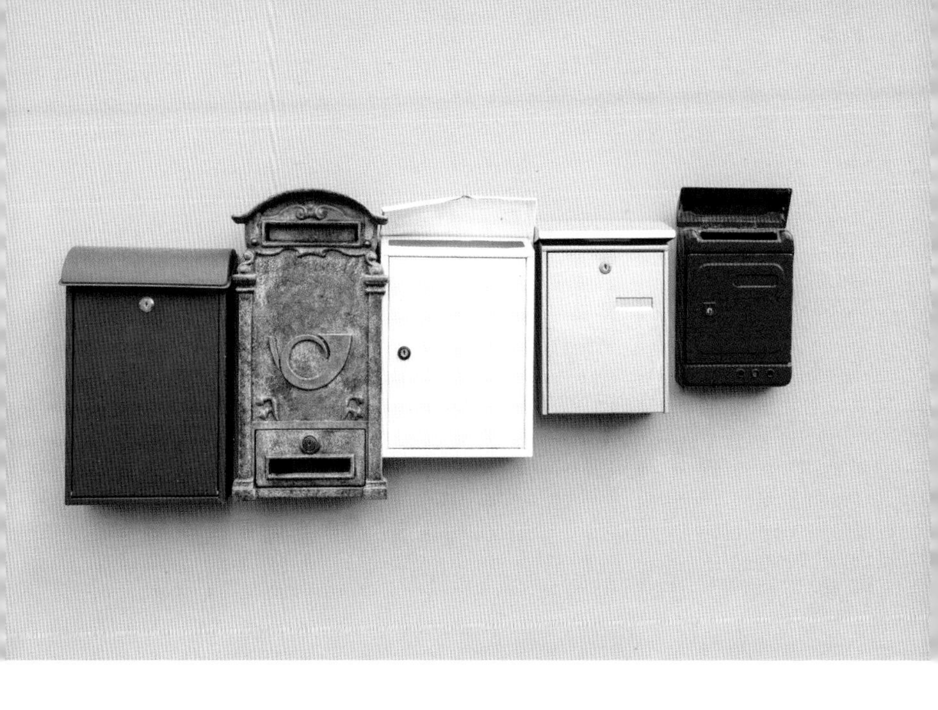

這裡的信箱主理人全不是醫護，不是心理學家。我們並不是任何專業人士，只是 NMO 的過來人。我們多少都經歷過你正經歷的，願用心去試著明白你，為你們分憂解困，想跟我們傾談，寫信給我們：

www.nmohk.com

男照顧者 Jeff

NMO 已婚男 Stephen

NMO 媽媽聲 Ceci

男照顧者的疑問

信箱主理人 Jeff

HI，我是 Jeff，太太在 11 年前患了 NMO，曾經失去視力，亦試過雙腳無力不能步行，當時連站起來都不能……本來好好的一個小康之家面對這突如其來的挑戰，女兒當時正讀小四，我要兼顧照顧太太之餘，還要返工，理家務和看顧女兒……一大堆要辦的事務在眼前，但內心其實好混亂和未消化。

面對一個罕有病，見到太太恐怖的病況，說我不怕只是騙你的，在惡疾面前誰會不怕？這十年太太都有曾復發，我們都承受著不知何時又復發的威脅。面對不肯定的前路，我明白作為男照顧者的辛酸、擔憂、恐懼和心痛，並不是說我已畢業已很厲害，而是我想我可能會明白你的感受和難處，就讓我成為你的同行者，分擔你的苦與憂……

剛剛太太確診 NMO 仍留院，我回到家仍未消化這通知，家裡的小孩嚷著要見媽媽，家務仍等著我處理，明天還要返工，面對這突發消息，我變得手足無措，一大堆野在面前我唔知怎面對？我真是有能力面對嗎？

有事問！

Jeff： 記得當年太太剛在醫院留醫時，腦海中會湧出一大堆的問題纏繞著自己，例如：明天邊個送小朋友返學？邊個接放學？這麼巧合，明天我仲要開會，之後還要帶活動、放咗工後，我有冇時間煮飯畀小朋友食等等。的確呢一大堆的問題，都係患者丈夫相當困擾的，因為一時間我都唔知點去應付。

其實我都係過來人，但我係咪就係咁樣，由得佢唔理呢？我知道當然唔係。所以當我沉靜落嚟後，我慢慢將要處理嘅事，用筆逐點逐點寫出嚟，這樣能夠幫助我在手足無措時，清晰咁樣記錄下來，用紙筆將要處理嘅事情寫出嚟係非常有效幫助到自己，然後根據所寫嘅事情，逐一想辦法去解決。

常言道：辦法總比困難多。

我知道我自己一個人並沒有能力處理所有嘅事情，所以我會去搵一啲幫手。例如：早上我可以早啲起身先送女兒返學，然後請婆婆下午接女兒回家，而家中的一些瑣碎家務，暫時請一個鐘點幫手，並且幫我買好當天的晚餐，然後待我放工後，便可以立即煮好晚餐。

的確，面對一些改變，一時間係不知所措，但係**「得力在乎平靜安穩」**，所以我們面對任何嘅困難，都要積極咁樣面對，一刻間嘅逃避係人之常情，但積極地面對，先至係解決問題嘅根源。

各位丈夫們，當太太患上 NMO，其實佢亦都相當之困擾，所以我哋健康嘅人，要更積極咁樣去處理好家中的各項事務，以便她能夠安心去醫治，我哋常要保持愉快嘅心境，因為我深信**「喜樂的心乃是良藥」**，我認為我們的積極亦都會令到太太正向咁樣去面對目前的處境。

丈夫們：**當太太患了病，你不是獨行者，身邊總有很多有心人去支持你，我哋大家一齊加油！**

> 幾年前太太因 NMO 而雙目失明，自此她再看不到這世界，當然再看不見我，我在她心中的模樣停留在幾年前，面對不同的視野，我們怎去維持關係？我看到的東西她看不到，有些嘢好難用相同眼界去欣賞去分享，例如去旅行時欣賞風景，睇電影主角的演技，分享眼前一切美好事物……

有事問！

Jeff：還記得某年前嘅一天早上，太太對我說：**「老公，我好似睇唔到嘢咁樣。」**當時我聽咗之後，內心都好驚，當然我亦都明白太太心中可能比我仲驚。我明白佢睇唔到嘢呢個改變會令到大家嘅生活上都有好多唔同嘅地方需要調節，例如：佢唔可以陪我去睇電影、一齊睇電視，有時逛公司時，我睇到啲好靚嘅廚具我都唔敢講（這是我們以前最喜歡分享嘅嘢），因為我知道我一講出嚟，怕佢感到好難受……有一天早上，我突然感覺到如果再咁樣落去，整家庭會變得鴉雀無聲，沒有生氣，我覺得咁樣嘅氣氛係唔正常嘅，我唔想咁樣，所以我開始嘗試慢慢將我睇到嘅嘢盡量去同太太分享，我話畀佢聽我睇到嘅景物、睇到嘅顏色，雖然佢未必睇得到，但係我想盡量勾起佢對以往見過的東西嘅記憶，希望佢喺腦海中都可以出現返顏色，去感受到呢個世界上嘅色彩，我想太太知道：雖然現在暫時未能看見世界上嘅色彩，但心中一樣都有精彩的世界，自從咁樣做之後，我發覺唔會因著太太眼看不見而導致彼此之間越來越疏離。

而生活上我亦都有啲調節，我以前同佢一齊去行街，多數都係我有我行，佢有佢行，但後來我經常都會拖住佢行，佢話現在感受到我對佢嘅愛比以前仲多，所以有時諗返轉頭，一啲困難嘅發生都可能是祝福嘅開始。所以各位丈夫們，不要因為太太睇唔到嘢，好似咩都唔能夠同佢分享咁樣，其實只要當佢不是失明，照樣去同佢一齊咁去分享，咁咪仲來得自然，大家嘅相處仲更加好，我哋就是太多忌諱，令到我哋做每一樣嘢都容易疾步，有時想咁做又唔敢做。

記緊：面對一些問題時，真係需要勇敢去面對、坦誠地去分享。**「不要想太多，但要做更多。」**是我在這些經歷中的領會，我哋繼續一齊加油呀！

太太每兩年都會復發，其實我好驚，驚唔知幾時下一次，唔知下次開邊科？搞到自己精神緊張，捕風捉影，郁啲就衝去急症室，我是否有病？我是否過份緊張？最近胃常唔舒服，但正常人都會驚吧？我唔知點捱一世？

有事問！

Jeff： 其實當太太第一次復發嗰陣時我都好似你咁樣：好驚。真係唔知幾時又下一次，呢一種嘅心情，經常都咁樣纏繞著自己，所以當時搞到我精神都好緊張，脾氣都漸漸開始有啲暴躁。其實我真係好怕聽到急症室三個字，當我一聽到呢三個字，成個人都緊曬。其實呢啲情況你同我都知道對自己嘅身體唔好，又對需要照顧的患者都唔好。

我意識到呢樣嘢長久落去都係一件壞事，並且對整件事情冇幫助。所以我開始嘗試改變，我開始做返運動（跑步）。以前我好鍾意去跑步㗎，但因為太太患病的時候只係諗住一心一意去照顧好太太，所以就停止咗自己嘅興趣，當我再次去跑返步嗰陣時，我開始覺得心情都比以前好好多。

之後我更聯絡返以前啲朋友出嚟食下飯傾吓偈，當朋友知道我現在嘅情況亦都畀啲意見我，應該點樣處理會好啲。就是咁樣，個人的心情都冇以前咁緊張。

所以從中我明白到：

第一：唔好只係集中喺太太病嘅問題上，要有返自己嘅生活。

第二：真係要同自己的朋友繼續有聯絡，保持返一個正常嘅社交生活，咁樣個人就唔會好似被困住一樣，咁心情自然都冇咁緊張。

我相信咁樣對照顧太太都有好處。不要總以為全副精神擺咗上去，乜都唔做，停止所有嘅一切正常活動咁就會對太太有好處，但係其實咁樣反而會令到自己更加緊張。

朋友們請緊記：經常都抱著一個平常嘅心去應對，唔好搞到自己過份緊張，才是雙贏的做法。

> **我好想哭，好想搵個可以讓我痛哭的地方，突然覺得香港好細，我搵唔到，唔想在太太面前哭，在自己屋內好難哭，在公司更加冇可能，唔通在街外在公園哭咩……我唔慣，應該說是我唔習慣去哭，但個心好唔舒服，壓到透不過氣似的，好多時以為瞓醒一覺會冇事，但原來瞓醒好多覺唔舒服嘅感覺仍是喺度。**

有事問！

Jeff：老友，你這種感受我都試過，但原來哭到出來真是舒服好多，記得那次我在家裏對住個 10 歲女兒哭了出來，雖然我盡量忍住，但講唔夠兩句終於爆了出來，當時我很怕會嚇到女兒，但出乎意料地，女兒說：

「爸，我知你很大壓力，不要擔心，媽媽很快便康復了。」

那天是我咁大個人第一次咁樣哭。哭完後，心情鬆了好多，之後同囡囡傾翻頭先的事，原來當你壓到透不過氣時，哭除了真是令人鬆一鬆外，還令身旁的人鬆一鬆，因為你不開心，你整個人由頭到尾都會被身旁的人察覺到，只是他們唔敢問你太多或者唔知同你講咩嘢好，但是你哭了出来，即使身邊的人看到，也不要緊，因為這時他們才放膽跟你說些安慰和鼓勵的話，就正如當時我個女見到我哭同我講的話，特別有鼓勵性。

所以想哭就哭吧，找個合適的地方，不要壓住自己，待自己哭一哭，鬆一鬆。但記緊哭過後，抹乾眼淚，就是彩虹，事情總會過去，無論幾艱難都會過的，我們帶着盼望，一起往前走吧！

“

太太患病令她失去好多，但其實無形中都令我有好多失去，我好似失去了以前的太太，失去了以前的生活方式，簡單如現在去旅行已不是以前模樣的享受舒服，太太食類固醇令她肥了幾十磅，我不是嫌棄她，而是覺得失去了以前的太太，同時因照顧她我也失去了一些以前的事業目標，面對這麼多失去，唔知自己仍有乜？對以前都有些留戀和不捨，未來人生還有什麼亮眼的目標？”

有事問！

Jeff：朋友，我太太食類固醇後，也肥胖了好多，我不但沒有覺得失去了以前的太太，反而覺得多了個重量級的太太，肥嘟嘟，好得意。

其實失去與否是你自己怎樣去看整件事，在我而言，太太還有生命氣息，同我渡過每一天，就是得着。那些所謂的失去，會比太太的生命重要嗎？

還記得，太太生病初期，一家人的生活都要改變，當然這些改變，我也會覺得不習慣，心裡也會說，如果她不是病了，今晚我就可以和朋友食飯吹水了，如果太太不是病了，現在我就可以……

這麼多的如果其實就好像沒有了甚麼、失去了甚麼似的，但當我一直默默地陪伴着她走過每一天，看見她身體的狀況日漸進步時，我就發覺那些如果甚麼甚麼其實一點也不重要。

朋友，我們要明白：此時此刻，甚麼對你最重要，加油！

NMO 已婚男的困惑

信箱主理人 Stephen

我是 Stephen，2014 年我仍是一個 30 幾歲前途無限的青年，有太太有小女兒，工作上是行政經理，一切都看似人生勝利組的我，中了比六合彩還難中的 NMO。NMO 已好罕有，NMO 的男患者更罕有。

在 2016 年我 NMO 復發，今次不只影響視力，還兇猛的襲擊我的脊髓神經，短短數天我四肢癱瘓，不能呼吸，昏迷了，在 ICU 留了數個月，我竟然慢慢可自行呼吸，但始終都是不能完全康復。

現在的我仍要靠輪椅代步，視力部份受損，不能工作養家……

我知在香港要搵一個男 NMO 病人好難，若你是其中一個，我只想跟你說：你找到了，我正是！樂意聽你心聲，互作支持！

▲女兒為我祈求！

我已有家庭，有子女，患 NMO 令我好難盡父親責任，與其他「正常」父親不同，我不可出入自如陪子女返學，玩耍……我心又自疚，又不憤，我可以當一個好爸爸嗎？

有事問！

Stephen：首先，我真的好欣賞和感受到你心愛子女，想做好一位好爸爸的心意，從而我相信你可以做一個好爸爸。

我好想告訴你：你真的不用擔心自己的病會影響到親子關係，或令雙方關係疏離。因為，父愛是不能代替的，是 Irreplaceable，你在子女心目中的地位是沒人可以取代。其實你有沒有想過？你跟「正常人」、「正常爸爸」是沒有二樣的，只不過你行動不便而已。你要知道，作為父親，除了陪子女出街外，我們有好多其他事情可以做。例如：我們大腦都是正常的，我們可以教子女做功課，教他們講做人道理，可以陪他們聊天。

現在不如讓我分享一下，我在教女兒做功課時遇到的困難。第一是容易疲倦，疲倦令我難集中精力和說話都感吃力，教功課不到半個鐘就想休息。第二是當碰上神經痛發作時，我難控制自己的情緒，好容易失去耐性而發脾氣。不過，為了維持父女關係，我都學識在發脾氣後向女兒道歉；在情緒差的時候，不教女兒做功課。另外，我們都要意識到：我們行動不便，身體有殘疾不是一朝一夕可以改變的事實，因而培養子女有正確的價值觀和正能量去面對爸爸，也是一個很重要的因素去維繫親子感情。

有一次，我女兒怒氣沖沖走回家同我講：「我好嬲呀！頭先喺樓下公園玩時，有小朋友問我，你爸爸坐輪椅，係咪殘廢嘅？我聽完後好想打佢！」知道女兒所遇到的事，當刻我都控制著自己心痛女兒的情緒，只能跟女兒灌輸正能量，告訴女兒：「小朋友是單純的，他們會這樣問是出於好奇心，並非有惡意，所以不要太介意。」最重要的是我告訴女兒，類似這樣的問題或情形，她們以後都有機會再次碰到，要學識如何面對，如何控制情緒。

雖然我們的確在陪伴子女成長時，難免有限制，不能事事如願。但真正的父愛是經得起考驗和限制，你我都應明白一點，不是陪去東陪去西就叫愛，你用你的獨特方式去愛他們，他們是領略到的。

愛，是發自內心，不是靠陪玩多少次去量度。

“

我不知怎樣跟得上老婆，當然不只是說步行速度，而是大家的視野，體驗……未來人生路漫漫長，我可以與她同步嗎？怎樣維持關係？除了名份和負責任外，我們還可有什麼？我們有將來嗎？

”

有事問！

Stephen：當我們好不幸患上這罕有病，對我們首當其衝的影響就是婚姻。所以作為一個男人，我非常體會你對婚姻的擔心。

你有沒有想過：你，或者說我們，有這些問題和擔心等心理狀態，主要是出於我們想繼續維持婚姻，不想這頭家散了的緣故呢？在這個不容易的時刻，當我們想繼續維繫婚姻時，就要同自己講：要拿出更大的包容去面對老婆，去接受有弱點 / 缺點的真實的她。平時，我們真的要「同情」她要兼顧一頭家不容易，將心比己，作出多些讓步，多些去欣賞對方的優點，體諒對方的難處。另外亦試試反看自己，自己又是否全對呢？會否自己都有點責任？又或者自己是否變得敏感容易受傷？嘗試多角度去看問題。

最後，我想和你分享：

- 不要為了「一啖氣」而毀了這頭家；
- 如果老婆曾經同自己講過離婚，那你就要盡量放低「被拋棄」的感覺。希望你也要知道：你都一樣有得選擇，不要給自己太大壓力和負面情緒。

將來的事，真的是沒人可以預計，唯有盡心做好現在，問心無愧就行了！

> 我不是一個幸運／幸福的人，我發病後老婆不大理我，所以無論在日常生活飲食覆診購物等，我全部都自己做。我當然覺得吃力辛苦，但最傷是個心，既心傷又自憐，為何其他病者都有人理，我是否人太衰，搞到冇人理？我好心酸，冇動力去叫自己加油，人家都放棄我，我做乜仍要努力？

有事問！

Stephen：你提到老婆的態度問題，其實我和其他男病者亦同樣面對，只是多或少的問題。你和我會有如此感受，是否因為我們以前是家庭支柱，對家庭負起照顧責任，現在自己卻因病患，角色由照顧者轉爲被照顧者。所以這一反差或轉變，令我們更加有如此深刻感受？不過，我都有反思：自己會不會因為覺得自己是病人，因而缺乏自信心和安全感？產生了擔心「被拋棄」的感覺，所以對老婆的態度更加 Alert，因而造成一些不必要的介懷或誤會。

另外，在埋怨對方「變咗」的時候，諗下自己係咪都有改變咗？

最後我要表達，我好認同你做了一個好正面的動作，就是積極面對去照顧自己，這是一個很務實的行為去重建自信心，去適應新的生活常態，不要自暴自棄，但我們也不必去刻意掩飾或迴避自己的不開心。

NMO 是有風險復發的，一生要面對這計時炸彈，我變得憂慮和驚恐，我又唔想人知我驚，堂堂大男人都驚，好似好丟臉，控制唔到去驚，但又不敢釋放跟人講。

”

有事問！

Stephen：你所擔心 NMO 復發這問題，其實也是我們所有患者面對的擔憂。我們都驚恐不知在那一天 NMO 會復發，造成不可逆轉的傷殘，再一次影響我們的生活。面對這些未知道的恐懼，我們顯得好無助，好被動。但是，你有沒有嘗試靜下來去想一想：我們真的是什麼都做不了嗎？

其實，我們係可以有所作為的，可以做一些正面主動的事，去嘗試防止復發。例如：準時按醫生吩咐食藥是我們必須要做的；做一些能力所及的運動；保持情緒平穩，心情開朗；多做一些令自己開心的事。再想深一層，其實不單止 NMO，好多其它病都是不能根治的，都面對復發的風險。

所以，嘗試釋放自己的思想壓力。記住：**人生苦短，活在當下！過好每一天！**

“

我因 NMO 四肢癱瘓臥床，但大腦清醒，醫生對我情況不睇好，每天眼光光在床上望天花板，除了懷緬過去，我不知我人生還有什麼？若病況冇變，我人生仍可高談目標嗎？我怎樣找回屬於自己的開心？

”

有事問！

Stephen：你面對的病情的確很嚴重，令人容易產生萬念俱灰、放棄人生的念頭。當看到你所說：「除了緬懷過去，我不知我人生還有什麼？」這一句說話，深深地觸動同路人——我的心靈。

就讓我分享我的經歷，希望可以令你在黑暗中看到一點光，而這一點光可以讓你找到光明，找到活下去的動力。回想當年我癱瘓在床時，院方都安排臨床心理學家來看我。但當臨床心理學家來看我時，我完全沒理會她，因為我覺得她幫不了我，當她離開這個病房後，我一樣仍然躺在病床上。過了約二十天，她再來看我，我一樣沒理她，但此時，她同我講：「你可否給我五分鐘時間，聽我說話？我說完就走，也不會再來看你了。」

她說：「我明白你為什麼不理我，因為你覺得我幫不了你。我知道你現在的唯一念頭就是死。但我知道你很掛住兩個幼女，很不捨得放下她們。我知道這個病 24 小時都在折磨你，令你全身 24 小時都像電擊般疼痛，甚至醫生都提到這病的存活率。但你可否堅持活下去？那怕是活多一兩年，做一個榜樣給你兩個女兒看。等你女兒長大後，讓你太太，你親人告訴你兩個女兒：

你爸爸當年面對病痛的折磨，但你爸爸都仍然堅持活下去，捱了一年，甚至兩年才離開……」

正因為臨床心理學家這一番說話，我放棄死的念頭，在黑暗中，找到生存的光。朋友，你雖然困在床上，但你仍可找到誓要活下去的意義。

當 NMO 媽媽的掙扎

信箱主理人 Ceci

我是 Ceci，2017 年 9 月，我第一次 NMO 病發，輾轉睇了幾個醫生，最終才確診了，當時左眼視力只剩下兩成，要即刻入院打類固醇和洗血，就這樣的我展開了與 NMO 共存的人生。病情最嚴重的時候，我真是好想結束自己生命，因為那種被火燒的感覺，那種灼熱感走遍全身，再加上全身抽筋，是沒有一隻藥物幫到我，痛苦難熬。

那時我已有一個 7 個月大的囝囝，沒有再想生小孩，始終大人小孩都可能會有風險。意外地上天竟然賜了我第二個孩子，其實當知道有了 BB 的時候已經懷孕 19 週，情況有點尷尬，但是我那刻都想做完所有身體檢查，看看 BB 是否健康才作打算，如果

BB 仍健康，這樣為何要抹殺他生存的權利？更何況已經都行了一半路程，再堅持多 19-20 週就可以出世了。就這樣，我最終在 2020 年尾生下了這個小可愛！

知道作為準媽媽已不易，作為 NMO 準媽媽更不易，我不是醫生，不會教妳任何醫學知識，也不能為妳作決定，但我絕對是過來人，明白妳的喜與憂，明白在懷孕期間的百般感受，讓我為妳分擔一點！

聽說懷孕時要停藥，指是防止 NMO 復發的藥，我好驚在這些日子會復發，想到此就好影響心情，最近還令我晚晚失眠，日日怕會復發，BB 未出世前這幾個月我怎捱？

”

有事問！

Ceci：其實當初我自己有咗 BB，每一日都係擔驚受怕，一來擔心 BB 嘅發育，二來就係怕個病唔知道幾時會病發，嗰陣每日承受嘅壓力係身邊嘅人都唔會理解到。

不過與其每日咁擔心，媽媽你自己嘅心情都會影響到 BB，BB 會知道你唔開心架。不如搵方法放鬆下心情或者分散下自己嘅注意力，例如 BB 就嚟出世，可以慢慢佈置下佢間房或者佢張床仔啊，而家 BB 需要用嘅嘢都有好多啊，身體許可嘅話得閒去行下 BB 用品鋪都好好架，見到 BB 仔嘢我包你心情會開心哂。

另外因為我自己本身係打緊 Rituximab，懷孕期間醫生都 Suggest 我生完 BB 之後先再繼續打返，所以我唔係好清楚是否所有防止 NMO 復發嘅藥都唔食得，最好都係問下自己個醫生會比較好，同埋始終醫生先最了解你身體情況。

陀 BB 時嘅心情又驚又喜，又擔心，尤其是我們 NMO 病人，我都曾試過。不過我都可以用平穩心情安然渡過，相信妳都可以的，加油啊！

“

雖然有人認為生 BB 是女人的天職，但唔生又有問題嗎？唔生 BB 真是人生遺憾嗎？

”

有事問！

Ceci：我自己又唔會諗生 BB 係唔係女人嘅天職，只係天生男人同女人嘅身體結構唔同啫，如果我老公可以代我生，我一定會叫佢生呀，哈哈！所以我覺得冇話絕對嘅對與錯，好與壞，我覺得生同唔生，只不過係人生中令自己有唔同嘅體驗。

如果選擇生嘅話，屋企無疑會多左個新成員，自己又會擔當咗唔同嘅角色，多咗個新嘅身份，所有嘅嘢都會有所轉變，例如屋企開支會大咗，你開始會以 BB 為中心，買俾 BB 嘅嘢多過買俾自己，又可能會因為自己照顧 BB 嘅方法同另一半有出入而嗌交，我唔係想講生 BB 係壞處多過好處，咁始終屋企多個人是會熱鬧啲嘅。不過有時我自己都會試吓從另一方面諗，如果冇生 BB 都唔係唔好啊！自己一份人工鐘意買乜就買乜，鐘意幾時約朋友食飯就隨時約都得，幾時想去旅行就去旅行。

所以生同唔生我覺得都係會有佢嘅好處，各有各好。就算唔生都唔洗俾太大壓力自己啊，因為妳的人生除了 BB 仍有好多嘢！

NMO 病人懷孕與生 BB，比起普通人來說有冇分別？懷孕期間會辛苦啲？會較其他人累嗎？

有事問！

Ceci：其實在我自己未病發前，我都以為自己係一個普通人，所以我覺得第一胎懷孕對我來講都係輕鬆嘅，一來後生啲，二來身體嗰陣仲未有任何受損或者殘缺。到我有咗第二胎嘅時候，因為之前幾年內我都復發過幾次，有啲神經線已經受損了，所以會有神經痛同埋會長期腳痺，所以到我自己陀第二胎時就相對辷啲同辛苦啲，不過其實辛苦都只係幾個月嘅事，只係去到懷孕後期，BB 會越黎越重，那時有機會腳又痺多啲，腰背又痛多少少咁大把。

不過我諗都要因應自己本身身體個別受損狀況而定，未必所有 NMO 嘅病人有 BB 都辛苦嘅。

“

我已經患了 NMO，長期要人照顧，我可以有能力照顧 BB 嗎？若不好彩，BB 出世後我又復發，這樣可以怎算？家人又要擔心我，又要擔心 BB。

”

有事問！

Ceci：就算你需要人長期照顧你，但係 BB 都會需要你嘅愛，你嘅關心，你嘅陪伴。冇人可以代替你嘅角色，只要你想嘅話，一定可以做到的。

其實當初我都係生完 BB 先病發，BB 出世後我都病發過好幾次，慶幸自己仲保持到有限嘅視力。不過我都試過有次最嚴重住左 3 個多月醫院，所以我好明白病人自身同家人嘅心情，家人嘅支持真係好重要，最好問下醫生自己本身個情況，同埋同屋企人商量一下。

我完全明白你希望 BB 健健康康，可以快樂成長的想法，我自己都會希望可以陪住小朋友長大到老，其實我都唔敢諗得太遠，珍惜眼前，活在當下係我而家最想做嘅事。

在懷孕期內，你會怎樣舒緩自己壓力？我都想參考吓。

有事問！

Ceci：我自己選擇嘅方式係同朋友或者另一半傾下計，講下自己會擔心嘅問題，自己嘅想法，有時我自己一個人靜落嚟，情緒都會有啲唔好。如果身體情況許可，可以去做少少運動，因為好多時運動都可以帶俾我哋好多正能量，個人諗野冇咁負面架。我自己陀第二胎個陣都去到 5 個月先發現有咗 BB，嗰段時間我都有 Keep 住去做運動，行下山咁。當然如果去到懷孕後期就梗係休息多啲啦～始終都會容易啲攰嘅。

其實就算我哋身體係健康嘅，人生都冇可能會長期順境，冇病冇痛。好似我自己咁，自己 2017 年確診有 NMO，2018 年到我媽媽有鼻咽癌，身邊好多朋友都話我點解咁黑仔，但轉換一下自己嘅心態，當係一個考驗，反而令我更加懂得珍惜現在，珍惜同身邊嘅人相處嘅時間。

> 在生與不生 BB 一事上，我和老公持不同意見，未生前已起衝突，是否每對夫婦都是這樣？如果我不是患 NMO 就好了。

有事問！

Ceci：千祈唔好咁諗吖，就算我哋唔係 NMO 患者，呢個世上其實好多夫婦都因為生同唔生呢個話題產生好多問題同磨擦，因為始終都係一條生命，唔係話生左佢出黎唔洗養唔洗照顧唔洗教，做左人父母角色唔同，心態都會唔同。而且教小朋友真係需要好多耐性，所以倆夫妻有共識先決定生唔生小朋友係好事黎架，其實大家可以講左自已擔心嘅問題出黎先，再一齊傾下睇下個問題喺邊度，再衡量下才決定生唔生。

當然生小朋友都存在好多風險，首先媽媽有可能係懷孕期內或者產後病發，就算我囡囡而家啱啱一歲，我都經常怕自己會突然病發，好怕自己再病發就照顧唔到佢哋兩兄妹，咁樣我會好內疚。就算媽媽本身好彩冇病發，又會怕自己本身食緊嘅藥會影響到 BB 嘅發育同發展，所以其實媽媽同 BB 都要過五關斬六將先可以平安渡過。我都希望你哋可以心平氣和咁好好傾吓，始終難得妳老公知道你身體有事，都依然喺你身邊不離不棄，如果因為咁樣傷到你哋本身嘅感情就唔值得了。

作　　者	香港視神經脊髓炎協會
書　　名	讓 NMO 被看見
出　　版	超媒體出版有限公司
地　　址	荃灣柴灣角街 34-36 號萬達來工業中心 21 樓 02 室
出版計劃查詢	（852）3596 4296
電　　郵	info@easy-publish.org
網　　址	http://www.easy-publish.org
香港總經銷	聯合新零售（香港）有限公司
出版日期	2022 年 5 月
圖書分類	心靈勵志
國際書號	978-988-8778-60-7
定　　價	HK$88

Published in Hong Kong